Cornelsen Studien-Training Wirtschaft

Klaus Birker
Klausurtraining
Betriebswirtschaftslehre

Kontrollfragen,
Beispiele,
Checklisten

Cornelsen

Die Deutsche Bibliothek – CIP-Einheitsaufnahme

Ein Titeldatensatz für diese Publikation ist
bei Der Deutschen Bibliothek erhältlich

Verlagsredaktion: Erich Schmidt-Dransfeld
Technische Umsetzung: Holger Stoldt, Düsseldorf
Umschlaggestaltung: Bauer + Möhring grafikdesign, Berlin

 http://www.cornelsen.de

1. Auflage ✓€   Druck 4 3 2 1 Jahr 04 03 02 01

© 2001 Cornelsen Verlag, Berlin
Das Werk und seine Teile sind urheberrechtlich geschützt.
Jede Verwertung in anderen als den gesetzlich zugelassenen Fällen
bedarf deshalb der vorherigen schriftlichen Einwilligung des Verlages.

Druck: CS-Druck Cornelsen Stürtz, Berlin

ISBN 3-464-49567-1

Bestellnummer 495671

 gedruckt auf säurefreiem Papier,
umweltschonend hergestellt aus chlorfrei gebleichten Faserstoffen

Einleitung

Der vorliegende Trainingsband zur BWL soll den Studierenden in dreifacher Hinsicht dienlich sein:
- Zur Wiederholung und Prüfungsvorbereitung; daher geht die jeweilige Behandlung eines Themenbereiches von einer Fragestellung aus, die dem Abschnitt vorangestellt ist. Die Darstellung erfolgt konzentriert, jedoch werden sinnvolle Querverbindungen aufgezeigt. Die Frageform soll zugleich die Leserinnen und Leser anregen, ihr bereits vorhandenes Wissen zu aktivieren.
- Zur elementaren Einarbeitung in die Grundlagen der BWL; der gesamte Stoff ist wie ein kompaktes Lehrbuch in entsprechende Kapitel nach einer fachinhaltlichen Logik gegliedert.
- Als Nachschlagewerk; die Antworten zu den Fragen sind jeweils mit Stichworten versehen und folgen so dem Charakter eines Lexikoneintrags. Die Stichworte sind im Anhang in alphabetischer Reihenfolge zu einem Verzeichnis zusammengestellt und mit der Nummer der betreffenden Frage (und der Seitenzahl) versehen, sodass der Band ohne weiteres auch als Lexikon genutzt werden kann. Der Umfang der jeweiligen »Artikel« geht dabei in der Ausführlichkeit der Darstellung über ein bloßes Glossar hinaus und es sind vor allem auch fachliche Zusammenhänge und Querverweise berücksichtigt.

Die Kapitelgliederung orientiert sich an der »Einführung in die Betriebswirtschaftslehre – Begriffe, Denkweisen, Fachgebiete« des Autors in der gleichen Reihe »Studium kompakt« des Cornelsen-Verlags. Innerhalb des Kapitels ist der Stoff durch die entsprechenden, durchnummerierten, Fragestellungen strukturiert. Die am Anfang des Kapitels stehende erste allgemeine Frage (A-01, ggf. auch zweite Frage A-02) geht auf den Gesamtzusammenhang und auf den Überblick des im Kapitel behandelten Stoffes ein. Die Detailfragen D-01 bis D-n beziehen sich anschließend auf die einzelnen Themen.

Nach dem Hauptteil werden in einem kurzen Exkurs im Anhang Hinweise aufgezeigt, wie die Fragestellungen zu aktivem Lernen genutzt werden können. Hierzu zählen auch Anwendungen in Anlehnung an ein interaktives Lernen in Gruppen.

Auf diese Weise ist der Band zum einen unabhängig nutzbar und bietet zum anderen den Lesern des genannten Einführungsbuches eine zusätzliche, kompakte Übungs- und Trainingsmöglichkeit. Es ist leicht möglich, im Bedarfsfall auch auf den Einführungsband zurückzugreifen und dort den Stoff auch noch einmal ausführlicher nachzulesen.

Schließlich folgen das bereits angesprochene alphabetische Verzeichnis sowie ein ausgewählter Literaturhinweis.

Zielgruppe sind primär die Studierenden an Hochschulen und Akademien. Angesprochen werden aber zum Beispiel auch Ingenieure, die sich ergänzend betriebswirtschaftlich qualifizieren, und sonst alle, die sich zum Beispiel in betrieblichen Fortbildungsmaßnahmen mit entsprechenden Inhalten beschäftigen.

Zur Vorbereitung auf eventuelle Prüfungen sollen dabei die Lerninhalte in abfragbarer Form verfügbar sein. Zugleich wird darauf abgezielt, das Wissen praxisnah und in wirtschaftlichen Zusammenhängen einordnen zu können.

Den Dozierenden können die Fragestellungen auch zur Vorbereitung von Prüfungsaufgaben dienen.

Inhaltsübersicht

	Übersicht über die Fragen	6
1	Betrieb – Aufgaben und Umfeld	9
2	Einordnung der BWL als Wissenschaft	28
3	Bereiche im Leistungsprozess	35
4	Geldwirtschaft und Investititionen	50
5	Rechnungswesen und Informationsfluss	66
6	Personalwesen und Mitarbeiterführung	82
7	Führung und Organisation	90
8	Konstitutionelle Entscheidungen	106
	Lern- und Übungsstrategie/Arbeitsformen Wie kann die Themengliederung in Form von Fragen aktives Lernen Unterstützen?	121
	Glossar: Alphabetisches Verzeichnis der Stichworte	125

Übersicht über die Fragen

1 Betrieb - Aufgaben und Umfeld

1-A-01	Worin bestehen Gegenstand und Aufgaben der Betriebswirtschaftslehre?	9
1-A-02	Nach welchen Aspekten kann betriebswirtschaftliches Handeln betrachtet werden?	9
1-D-01	In welcher Weise werden die Begriffe »Unternehmung« (bzw. Unternehmen) und »Betrieb« in der BWL zugeordnet?	10
1-D-02	Welches System produktiver Faktoren wurde von Gutenberg entwickelt?	10
1-D-03	Welche Ergänzungen des faktortheoretischen Ansatzes wurden vorgenommen?	11
1-D-04	In welche Produktionsfaktoren gliedert die VWL? Worin liegen Gründe dieser Unterschiede?	11
1-D-05	Was wird unter »Leistungsstrom« und »Zahlungsstrom« verstanden? Wie stehen sie zueinander?	12
1-D-06	Wie kann der güterwirtschaftliche Strom erweitert werden?	13
1-D-07	Durch welchen zusätzlichen Strom kann das Bild ergänzt werden?	15
1-D-08	Durch welche Darstellung kann der sich ständig wiederholende Prozess besonders veranschaulicht werden?	15
1-D-09	Wie lässt sich das Umfeld des Unternehmens darstellen? Welche Einflüsse können sich dabei ergeben?	16
1-D-10	Welches sind die beiden »Grundprinzipien« betriebswirtschaftlichen Verhaltens?	20
1-D-11	Welche weiteren Prinzipien (Dimensionen) ergeben sich aus zusätzlichen Zielen? Wie können sie strukturiert werden?	22
1-D-12	Wie lässt sich die Beachtung des ökonomischen Prinzips messen?	23
1-D-13	Welche zwei idealtypischen Ausprägungen der Wirtschaftsordnung werden unterschieden? Wie werden dabei systemabhängige und systemunabhängige Aspekte zugeordnet?	26

2 Einordnung der BWL als Wissenschaft

2-A-01	Welche Aspekte sind bei der Einordnung der BWL als Wissenschaft zu beachten?	28
2-D-01	Wie stehen die Wirtschaftswissenschaften im System der Wissenschaften? Wie wird BWL zur Volkswirtschaftslehre (VWL) abgegrenzt?	28
2-D-02	Welche Interdependenzen bestehen zu anderen Wissenschaften?	30
2-D-03	Wie gliedern sich die Einzelwirtschaften?	30
2-D-04	Betriebstypen – nach welchen Kriterien können sie gebildet werden?	31
2-D-05	Was wird unter allgemeiner und spezieller BWL verstanden?	32
2-D-06	Inwieweit ist BWL eine theoretische Wissenschaft?	32
2-D-07	Was heißt BWL als Management-Lehre? In welchem Sinne ist sie eine anwendende und eine angewandte Lehre?	33

3 Bereiche im Leistungsprozess

3-A-01	Welche Bereiche werden beim Leistungsprozess behandelt? Inwieweit hängen sie als Prozess zusammen?	35
3-D-01	Was ist Gegenstand der Materialwirtschaft? Wie kann sie zu anderen Teilen der Beschaffung abgegrenzt werden?	35
3-D-02	Welches sind die wesentlichen Aufgaben und Ziele der Materialwirtschaft?	36
3-D-03	In welche zwei Grundformen der Bedarfsermittlung wird unterschieden? Worin bestehen Funktionen der Vorratswirtschaft?	37
3-D-04	Was wird unter A-B-C-Analyse und X-Y-Z-Analyse verstanden? Was sind Aspekte der Lieferantenanalyse?	38
3-D-05	Wie wird die betriebliche Leistungserstellung gegliedert? Inwieweit bestehen Zusammenhänge zu anderen Wissensgebieten?	39

3-D-06	Welches sind die Ziele der Produktion?	40	4-D-07	Wie hängen Kapitalbedarf und Finanzplanung zusammen? 57
3-D-07	Wie kann in der Produktion auf schwankende Verkaufsmengen, z.B. bei Saisonartikeln, reagiert werden? 40		4-D-08	Welche Aspekte sind bei Zahlungsmitteln zu beachten? 59
3-D-08	In welche zwei Aspekte können Fertigungsverfahren untergliedert werden? Wie sind beide darzustellen? 41		4-D-09	Investitionen – was ist darunter zu verstehen? Wie können sie gegliedert werden? 60
3-D-09	Welche Aspekte sind bei der Planung des Fertigungsablaufes zu beachten? 43		4-D-10	Investitionsrechnungen – wozu dienen sie? Welches sind die klassischen Verfahrensweisen? 61
3-D-10	Wie unterscheiden sich Verkäufer- und Käufermarkt? Wovon wird die Nachfrage beeinflusst? 44		4-D-11	Was wird unter Steuern verstanden? Wie können sie aus Sicht des Unternehmens/Unternehmers eingeteilt werden? 64

4 GELDWIRTSCHAFT UND INVESTITIONEN

5 RECHNUNGSWESEN UND INFORMATIONSFLUSS

3-D-11	Wie kann Marketing zu Absatz oder anderen Begriffen gesehen und abgegrenzt werden? Was heißt dies für die Bedeutung des Bereiches?	45
3-D-12	Was heißt absoluter und relativer Marktanteil?	45
3-D-13	Aus welchen Elementen besteht der Marketing-Mix als absatzpolitisches Instrumentarium?	46
3-D-14	Welches sind Ziele und Formen der Marktforschung?	47
3-D-15	Was heißt Logistik als Querschnittsfunktion?	48
3-D-16	Wie steht »Forschung und Entwicklung« im Rahmen des Leistungsprozesses?	49

5-A-01	Welches sind die Aufgaben und Ziele des Rechnungswesens?	66
5-A-02	Wie wird das Rechnungswesen in Betrieben traditionell gegliedert?	66
5-D-01	Welches sind die wesentlichen Grundlagen für Buchführung und Jahresabschluss – das externe Rechnungswesen?	67
5-D-02	Welche verschiedenen Rechtsgrundlagen und Grundsätze müssen der Buchführung und Bilanzierung zu Grunde gelegt werden?	69
5-D-03	Welche Bestandteile hat der Jahresabschluss? Worauf bezieht sich die Bilanzanalyse?	70
5-D-04	Was ist in die Bilanz aufzunehmen? Wie ist sie zu gliedern?	72
5-D-05	Welche Grundsätze gelten für die Bewertung?	73
5-D-06	Worin liegen die Aufgaben der Kosten- und Leistungsrechnung? Was bedeutet dies für die Gestaltungsfreiheit?	74
5-D-07	Was sind Kosten? Nach welchen Kriterien können sie wie gegliedert werden?	75
5-D-08	Wie ist die Kostenrechnung auf Vollkostenbasis strukturiert?	77
5-D-09	Auf welchen Überlegungen beruht die Teilkostenrechnung?	79
5-D-10	Wie ergänzen Statistik und Kennzahlen das Rechnungswesen?	80
5-D-11	Wie hängen Informationen und Planung zusammen?	81

4-A-01	Wie stehen Finanzierung und Investition im Verhältnis zum Leistungsstrom?	50
4-D-01	Welches sind Aufgaben und Ziele der Finanzierung?	50
4-D-02	Unter welchen zwei Gesichtspunkten kann die Gliederung nach Art der Finanzierung erfolgen? Welche Formen ergeben sich aus einer entsprechenden Matrix?	51
4-D-03	Wie kann die Selbstfinanzierung gestaltet und ausgewiesen sein?	53
4-D-04	Nach welchen Kriterien kann das Fremdkapital gegliedert werden?	54
4-D-05	Wie unterscheiden sich Rücklagen und Rückstellungen? Wieso haben letztere einen Finanzierungseffekt?	55
4-D-06	Was wird unter Kapazitätserweiterungseffekt verstanden?	56

6 Personalwesen und Mitarbeiterführung

6-A-01 Mitarbeiter im Betrieb: Welche Aufgaben kommen dabei dem Personalwesen und der Mitarbeiterführung zu? 82

6-D-01 Was ist bezüglich der Personalbereitstellung zu berücksichtigen und zu planen? 83

6-D-02 Wie setzen sich die Personalkosten zusammen? 84

6-D-03 Welche zusätzlichen Aufgaben sind in der Personalverwaltung und der Personalentwicklung zu erfüllen? 86

6-D-04 Was bedeutet Mitarbeiterführung im Rahmen der (Unternehmens-)Führung? 87

6-D-05 Welche Bedeutung hat der Führungsstil in diesem Zusammenhang? 88

7 Führung und Organisation

7-A 01 Welche Führungsaufgaben leiten sich aus der Führungsdefinition ab? Welcher Zusammenhang besteht zur Organisation? 90

7-D-01 Wie können Führungsfunktionen gegliedert werden? 91

7-D-02 In welcher Weise können Management-/Führungsebenen eingeteilt und zugeordnet werden? 92

7-D-03 Was kennzeichnet das normative und das strategische Management im Einzelnen und wie grenzt sich das strategische gegen das operative ab? 93

7D-04 Woran orientieren sich das operative Management bzw. die operative Planung und was umfassen sie? 95

7-D-05 Inwieweit unterstützt Controlling die Führung? 95

7-D-06 Wieso sind Ziele entscheidend? Welche Kriterien sind zu beachten? 97

7-D-07 Wozu dient die Aufbauorganisation? 99

7-D-08 Welche Aufgaben hat die Ablauforganisation? Was ist dabei unter Prozessorientierung gemeint? 102

7-D-09 Warum gewinnt die Organisation des Informationswesens zunehmend an Bedeutung? Was ist Wissensmanagement? 104

7-D-10 Wie ist das betriebliche Informationswesen grundsätzlich aufgebaut? Welchem Zweck dient das Berichtswesen? 104

8 Konstitutionelle Entscheidungen

8-A 01 Was sind konstitutionelle Entscheidungen? 106

8-D-01 In welchen Phasen lässt sich das »Leben« eines Unternehmens einteilen? 106

8-D-02 Wann können Krisen entstehen? Wie können sie sich entwickeln? 107

8-D-03 Warum ist die Wahl der Rechtsform so bedeutsam? Wie werden die Rechtsformen üblicherweise gegliedert? 108

8-D-04 Welche Entscheidungskriterien sind bei der Wahl der Rechtsform zu beachten? 110

8-D-05 Wie unterscheiden sich die verschiedenen Personengesellschaften? 111

8-D-06 Was ist wesentlich bei den Kapitalgesellschaften? 114

8-D-07 Welche weiteren Rechtsformen können relevant sein? 116

8-D-08 In welcher Weise können Kooperationen gestaltet werden? 117

8-D-09 Wie unterscheiden sich Konzern und Fusion? 118

8-D-10 Welche Aspekte spielen bei Betriebsaufspaltungen eine Rolle? 119

8-D-11 Welche Kriterien beeinflussen die Standortwahl? 119

1 Betrieb – Aufgaben und Umfeld

Worin bestehen Gegenstand und Aufgaben der Betriebswirtschaftslehre?

Frage 1-A-01

Wirtschaftliche Güter

Grundlage für wirtschaftliches Handeln ist die Knappheit von Gütern, die Existenz so genannter wirtschaftlicher Güter. Im Gegensatz zu freien Gütern sind sie dadurch gekennzeichnet, dass die verfügbaren Mengen nicht ausreichen, die Bedürfnisse aller zu befriedigen. Wirtschaften bezieht sich auf die Schaffung, Veredlung und Bereitstellung solcher Güter. Dazu gehören ebenfalls die Prinzipien der Verteilung, beispielsweise auf dem Markt, die Bestimmung der Konditionen für den Erwerb und die Abgabe von Gütern und Dienstleistungen.

Wirtschaften in Betrieben verfolgt den Zweck der Fremdbedarfsdeckung. Demgegenüber steht bei den wirtschaftlichen Aktivitäten von Haushalten die Eigenbedarfsdeckung im Mittelpunkt. Aufgabe von Betrieben ist es, Dritten zur Abdeckung ihrer Bedürfnisse Güter und Dienstleistungen anzubieten. Da sie zur Durchführung dieser Bereitstellung ihrerseits Leistungen benötigen, treten sie zugleich als Nachfrager auf.

Betriebliches Wirtschaften besteht also darin, einerseits Güter und Dienstleistungen aufzunehmen und einzusetzen (Input) sowie andererseits solche bereitzustellen (Output). Im Sinne einer Fremdbedarfsdeckung ist der Input nicht Selbstzweck, sondern dient dem Output. Zur Überprüfung, inwieweit dieses Wirtschaften erfolgreich war, stellt sich die Frage, ob der Wert des Neugeschaffenen (Output) zumindest nicht geringer ist als der Wert der verbrauchten Güter (Input).

Lernziele und einleitende Betrachtungen des 1. Kapitels beziehen sich auf:
- Den Betrieb als zweckgerichtet organisierte Wirtschaftseinheit, in dem Güter bzw. Dienstleistungen beschafft, verwertet, verwaltet und abgesetzt werden;
- das betriebliche Umfeld, also die Berücksichtigung, dass die einzelne Wirtschaftseinheit nicht isoliert, sondern in ihren vielfältigen Beziehungen gesehen werden muss;
- die Prinzipien betriebswirtschaftlichen Handelns einschließlich der Berücksichtigung eventuell weiterer Ziele;
- Bedeutung der Wirtschaftsordnung sowie die systemabhängigen und systemunabhängigen Einflüsse.

Nach welchen Aspekten kann betriebswirtschaftliches Handeln betrachtet werden?

Frage 1-A-02

Faktortheoretischer Ansatz

Die Vielfalt im Betrieb und seine Aktivitäten als Objekt der BWL lassen je nach Standpunkt und Akzentuierung der Betrachtung unterschiedliche Sichtweisen zu. Entsprechend gibt es zahlreiche Ansätze zur Erklärung der Betriebswirtschaftslehre. In Anerkennung dieses Nebeneinanders wird auch vom Pluralismus gesprochen. Hier im einleitenden Kapitel werden zwei Aspekte behandelt:
- Faktortheoretischer Ansatz
- Leistungs- und Zahlungsstrom als Wirtschaftsprozess.

Weitere Ansätze und Entwicklungen werden hier nicht behandelt, da zumeist erst am Ende der Einführung das Verständnis für die Differenzierungen ausgeprägter ist.

Beim **faktortheoretischen Ansatz** steht die Kombination der Produktionsfaktoren im Mittelpunkt betrieblichen Handelns der Leistungserstellung und -verwertung. Dieser Faktoreinsatz (Input) wird am angestrebten Faktorertrag (Output) orientiert und gemessen. Hier wird der Bezug zu den wirtschaftlichen (knappen) Gütern deutlich (siehe 1-A 01). Dieser Faktoreinsatz und -verbrauch wird gerechtfertigt, wenn die dabei erstellten Güter und Leistungen für Dritte einen entsprechenden Wert bei ihrer Bedürfnisbefriedigung besitzen. Wirtschaften heißt danach auch wirtschaftlicher Umgang mit Faktoren.

Im **Wirtschaftsprozess aus Leistungs- und Zahlungsstrom** wird der Zusammenhang verdeutlicht, dass der Erwerb und die Inanspruchnahme von Leistungen am Markt jeweils mit Gegenleistungen, Zahlungen, verbunden sind. Durch diese Verzahnung wird eine doppelte Betrachtungsweise des Wirtschaftsprozesses möglich. Zahlungsprozesse sind ein Spiegelbild der Ergebnisse wirtschaftlichen Handelns. Dieses Konzept geht zurück auf E. Wald (1880 – 1946).

Frage 1-D-01 — In welcher Weise werden die Begriffe »Unternehmung« (bzw. Unternehmen) und »Betrieb« in der BWL zugeordnet?

Betrieb – Unternehmen

In der Literatur und im Sprachgebrauch werden die Begriffe »Unternehmung« bzw. »Unternehmen« und »Betrieb« teilweise synonym verwendet, teilweise auch mit unterschiedlicher Zuordnung und Bedeutung.

Betrieb als Oberbegriff
Diese Auffassung hat sich zunehmend durchgesetzt. Sie unterstützt den Begriff »Betriebswirtschaftslehre« und ermöglicht es, auch andere Arbeitsstätten, wie Behörden oder Verwaltungen, die im engeren Sinne keine Unternehmungen darstellen, in die Betrachtung einzubeziehen. Unternehmungen können dabei als historische, nur in der Marktwirtschaft vorzufindende Erscheinungsformen der Betriebe aufgefasst werden (z.B. Gutenberg, Mellerowitsch und Wöhe).
Daneben finden sich jedoch auch andere Zuordnungen:

Unternehmung als Oberbegriff, der Betrieb ist dann Unterbegriff
- entweder im Sinne einer gewissen Reduktion (z.B. bei Walter) oder
- einer Dreiteilung der Unternehmung (Soloman) in Betrieb (technisch-produktwirtschaftlich), Geschäft und Führung.

Als nebeneinander stehende Begriffe:
- Unternehmung als die rechtlich-finanzielle
- Betrieb als produktionstechnische Seite (so z.B. Lehmann und Schäfer, bei Letzterem ist Unternehmung jedoch höherrangig).

Frage 1-D-02 — Welches System produktiver Faktoren wurde von Gutenberg entwickelt?

Faktortheoretischer Ansatz/Elementarfaktoren/Dispositiver Faktor

Zunächst sind die **Elementarfaktoren** zu nennen. Sie stellen die Elemente im Prozess der betrieblichen Leistungserstellung dar und werden auch als »**produktive Faktoren**« bezeichnet. Sie gliedern sich in:
- Objektbezogene (ausführende) menschliche Arbeitsleistung,
- Betriebsmittel, z.B. Grundstücke, Gebäude, Maschinen, Werkzeuge, Transportmittel etc.
- Werkstoffe, z.B. Roh-, Hilfs- und Betriebsstoffe.

Da die Kombination der Elementarfaktoren sich nicht von allein vollzieht, sondern erst durch entsprechende Dispositionen, Entscheidungen und Anweisungen, interpretierte Gutenberg einen weiteren Faktor als »Geschäfts- und Betriebsleitung«. Hierzu splittete er die menschliche Arbeitsleistung in objektbezogene Arbeit und dispositive Leistung auf, den so genannten **dispositiven Faktor**. Dieser dispositive Faktor wird zum einen originär als Geschäfts- und Betriebsleitung bezeichnet, aus der die derivativen Faktoren Planung und Organisation abgeleitet sind. Demnach ergibt sich als **dispositiver Faktor**:
- Leitung, Geschäfts- und Betriebsleitung (originär),
- Planung als die gedankliche Vorwegnahme zukünftig wirtschaftlichen Handelns,
- Organisation, also die Ordnung bzw. die regelnden Strukturen im Unternehmen und für die jeweiligen Abläufe als instrumentelle Durchsetzung/Verwirklichung der aus der Planung resultierenden Führungsentscheidungen.

Gutenberg hat in den 50er Jahren mit seiner Interpretation des Betriebes als »System produktiver Faktoren« die Betriebswirtschaftslehre wesentlich mitgeprägt.

Welche Ergänzungen des faktortheoretischen Ansatzes wurden vorgenommen? — Frage 1-D-03

Faktortheoretischer Ansatz

Vom Bekanntheitsgrad und dem Einfluss auf die weitere Entwicklung der Betriebswirtschaftslehre ist an erster Stelle das System von Wöhe zu nennen:

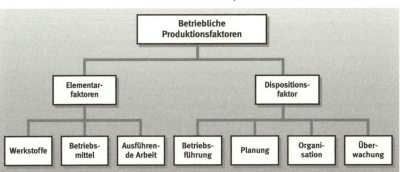

Abb. 1.1: System betrieblicher Produktionsfaktoren gemäß Wöhe

Von den zahlreichen weiteren Ergänzungsanregungen zu den Produktionsfaktoren (eigenständige Produktionsfaktoren) soll noch hingewiesen werden auf
- fremdbezogene Dienstleistungen (Hilger)
- immaterielle Faktoren wie Wissen und Rechte (Vornbaum und Wittmann)
- Umwelt (Kern).

In welche Produktionsfaktoren gliedert die VWL? Worin liegen Gründe dieser Unterschiede? — Frage 1-D-04

Produktionsfaktoren (VWL)

Die klassische Dreiteilung in der VWL besteht in:
- Arbeit
- Boden
- Kapital.

Bei Kapital im volkswirtschaftlichen Sinne geht es jedoch nicht um Geldkapital, sondern um Kapitalgüter (Realkapital), mit dem Arbeit ausgestattet und ergiebiger gemacht werden soll, beispielsweise Maschinen, Werkzeuge, Werkstoffe, Hilfsmittel etc., also auch so genannte Vorausprodukte.

Beim Kapital wird von derivativen (abgeleiteten, erst durch Kombination entstandenen) Produktionsfaktoren gesprochen – gegenüber Arbeit und Boden als originäre.

Aus der Kombination der Produktionsfaktoren ergeben sich Leistungen, aus denen Erträge erzielt werden. Die VWL befasst sich mit der Bildung und Verteilung dieser Erträge als Einkommen auf die beteiligten Produktionsfaktoren.

Das Ergebnis als Unternehmensgewinn, oder im negativen Fall als Verlust, ergibt sich als verbleibende Restgröße nach Verrechnung der Produktionskosten (Lohn, Grundrente, Profit) im volkswirtschaftlichen Sinne.

Say (1767 – 1832) fügte bereits als weiteren Faktor die unternehmerische Tätigkeit hinzu, die über entsprechende Einkommen am Ertrag zu beteiligen ist. Diese Anregung ist jedoch nicht Teil der klassischen Einteilung geworden.

In der Funktion der Produktionsfaktoren, Grundlage für Einkommensverteilung zu sein, liegt der entscheidende Unterschied zwischen volkswirtschaftlicher und betriebswirtschaftlicher Betrachtung. In der BWL bilden die im Leistungsprozess benötigten Faktoreinsatzmengen, multipliziert mit ihren Preisen, die Kosten. Ihnen steht der Faktorertrag aus der Leistungsverwertung gegenüber. Die Beziehung zwischen Faktorertrag und Faktoreinsatz wird auch als Ertrags- oder Produktionsfunktion bezeichnet.

Entsprechend ist auch die Zuordnung zu den einzelnen Produktionsfaktoren unterschiedlich, beispielsweise sind in der BWL die Betriebsmittel umfassender als das Kapital, da hier auch Grund und Boden mit hinzugezählt werden. Andererseits ist der Begriff enger als der volkswirtschaftliche Begriff, da Werkstoffe als gesonderter Faktor aufgeführt werden. Werkstoffe werden – im Gegensatz zu den Betriebsmitteln – Teil des neuen Produkts, des Outputs.

Frage 1-D-05 — Was wird unter »Leistungsstrom« und »Zahlungsstrom« verstanden? Wie stehen sie zueinander?

Leistungsstrom
Zahlungsstrom

Der **Leistungsstrom** veranschaulicht den betrieblichen Prozess von der Leistungsaufnahme (Beschaffung) über die Leistungserstellung (Produktion) bis zur Leistungsverwertung/-abgabe (Absatz) – siehe Abbildung 1.2. Er wird auch als güterwirtschaftlicher Prozess bezeichnet, auch wenn er nicht nur für Produktionsunternehmen zutrifft. In der Leistungserstellung erfolgt die Kombination der Produktionsfaktoren und daraus die Erstellung der neuen Güter und Leistungen, die das Unternehmen anbietet und die letztendlich zum Faktorertrag führen sollen.

Die Bereiche Beschaffung und Absatz zeigen zugleich die Verbindung zum vor- bzw. nachgelagerten Markt auf. Dies macht bereits deutlich, dass die Bewertung der Faktoreinsatzmengen von den Preisen auf dem Beschaffungsmarkt abhängt, die der Leistungsabgabe (Faktorertrag) von den Preisen auf dem Absatzmarkt.

Mit der Aufnahme bzw. Abgabe von Leistungen sind Gegenleistungen verbunden, in der Regel Zahlungen. Daher spricht man hier vom **Zahlungsstrom** bzw. finanzwirtschaftlichen Prozess. Wie in der Abbildung veranschaulicht, verläuft

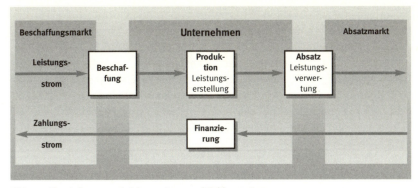

Abb. 1.2: Darstellung von Leistungsstrom und Zahlungsstrom

dieser (als Gegenleistung) entgegengesetzt dem Leistungsstrom. Aus der Beschaffung entstehen Zahlungsverpflichtungen (Auszahlungen) und aus dem Absatz Zahlungsansprüche (Einzahlungen). Da in aller Regel die Leistungsaufnahme und die damit verbundenen Auszahlungen früher anfallen als die Leistungsverwertung mit entsprechenden Einnahmen, ergibt sich somit für das Unternehmen ein Finanzierungsbedarf. Daher erfolgen im Rahmen des finanzwirtschaftlichen Prozesses nicht nur die Zahlungsabwicklungen, sondern auch die Finanzierung im weiteren Sinne.

Exkurs:
Diese auf E. Walb (1880 – 1946) zurückgehende Darstellung ermöglicht eine Beurteilung des Erfolges des betriebswirtschaftlichen Leistungsprozesses sowohl aus güterwirtschaftlicher als auch aus finanzwirtschaftlicher Sicht. Sie veranschaulicht zugleich die Zusammenhänge der doppelten Buchführung im Rahmen des externen Rechnungswesens durch die spiegelbildliche Erfassung (Soll/Haben).

Wie kann der güterwirtschaftliche Strom erweitert werden? 1-D-06

Die Beschaffung umfasst allgemein die Bereitstellung der für die betrieblichen Leistungsprozesse notwendigen Faktoren. Dabei handelt es sich jedoch um sehr unterschiedliche Güter und Leistungen, sodass sie – zumeist auch in ihrer organisatorischen Zuordnung – in verschiedene Bereiche differenziert werden:

- Materialwirtschaft – sie sorgt sowohl für die Bereitstellung von Verbrauchsgütern, wie z.B. Roh-, Hilfs- und Betriebsstoffe in Produktionsbetrieben, als auch für Wareneinkauf bei Handelsunternehmungen etc.
- Investitionen, d.h. die Anschaffung und Erstellung von Gebrauchsgütern (Betriebsmittel) wie beispielsweise Gebäude, Maschinen, Geschäftsausstattung, Fuhrpark etc.,
- Arbeit, also die der Unternehmung durch Personen zur Verfügung gestellten Arbeitsleistungen gegen Arbeitsentgelt, für deren Betreuung im weitesten Sinne das »Personalwesen« im Unternehmen zuständig ist,
- Dienstleistungen – sie können von öffentlichen Betrieben und anderen Unternehmungen erbracht werden oder von Freiberuflern oder Beratern, beispielsweise Rechtsanwälte, Steuerberater, Werbeagenturen, Ingenieurbüros etc.

Güterwirtschaftlicher Strom

Häufig gehen die beschafften und bereitgestellten Güter nicht sofort in die Leistungserstellung ein. So kommt es beispielsweise beim Material zur Lagerhaltung; Gründe hierfür können u.a. wirtschaftlicher Einkauf bei größeren Bezugsmengen (und dafür ausreichend für einen größeren Zeitraum), Sicherheit bei Lieferschwankungen etc. sein. Die Betriebsmittel (Investitionen) – die ja nicht umittelbar in das erstellte Produkt eingehen – werden naturgemäß nicht bei einem Leistungsprozess verbraucht, sondern über längere Perioden hinweg gebraucht. Sie gehen nur anteilig, z.B. im Grade ihrer Abnutzung, in die Leistungserstellung ein.

In beiden Fällen entspricht somit der Wert der bereitgestellten, beschafften Faktoren nicht dem Wert der verbrauchten. In Abbildung 1.3 ist dies durch die zwischengeschalteten Lager für Roh-, Hilfs- und Betriebsstoffe sowie die Anlagen veranschaulicht.

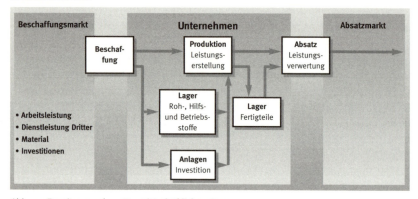

Abb. 1.3 Erweiterung des güterwirtschaftlichen Prozesses

In ähnlicher Weise ergibt sich ein Lager für Fertigwaren, wenn die erstellten Produkte nicht unverzüglich abgesetzt werden. Gründe solcher Lagerhaltung sind beispielsweise die Schaffung einer von der Produktion unabhängigen Lieferbereitschaft oder eine aus Sicht der Produktion optimalere Fertigung, unabhängig davon, ob bereits dafür Aufträge der Kunden vorliegen. Das Lager für Fertigteile ist gleichfalls in dem Schaubild dargestellt.

Zusätzlich können sich Lager auf den verschiedenen Zwischenstufen der Leistungserstellung ergeben, für so genannte Halbfabrikate. In ihre Bewertung gehen – wie auch bei den Fertigteilen – nicht nur die verbrauchten Materialien ein, sondern auch entsprechende Anteile für die Nutzung der Betriebsmittel, die geleistete Arbeit oder eventuell in Anspruch genommene Dienstleistungen.

Exkurs:
Um den Erfolg eines Betriebes innerhalb einer Periode zu beurteilen, reicht es also nicht aus, allein den über den Absatz realisierten Ertrag mit den für die Beschaffung geleisteten Aufwendungen zu vergleichen, also den erworbenen Zahlungsansprüchen gegenüber den eingegangenen Zahlungsverpflichtungen. Vielmehr müssen im Rechnungswesen die Bestandsveränderungen bei den Lagern und die Zu- bzw. Abgänge sowie die Abnutzung bei den Investitionen berücksichtigt werden.

Das Bild von dem so erweiterten Leistungs- und Zahlungsstrom verdeutlicht die betrieblichen Funktionen und zugleich die Hauptbereiche im Unternehmen. Dies sind Beschaffung, Produktion und Absatz sowie Finanzierung und ergänzend das Informations- und Rechnungswesen (s. Kapiteln 3 – 5).

Durch welchen zusätzlichen Strom kann das Bild ergänzt werden?

Frage 1-D-07

Informationsfluss

Bei Frage 1-D-06 wurde bereits das Rechnungswesen angesprochen. Seine Aufgaben bestehen in der systematischen Erfassung und Auswertung der quantifizierbaren Beziehungen und Vorgänge im Betrieb mit dem Zweck, entsprechende Informationen für die Planung, Steuerung und Kontrolle zur Verfügung zu stellen. Es ist damit ein wesentliches Instrument für die Geschäfts- und Betriebsleitung.

Neben **internen Informationen** benötigt die Geschäftsleitung jedoch auch Informationen von außen – vom Markt und dem wesentlichen Umfeld. Man spricht hier von **externen Informationen**.

Die Qualität betrieblicher Entscheidungen hängt weitgehend davon ab, inwieweit Informationen vollständig, aktuell und zuverlässig sowie zweckgerichtet aufbereitet zur Verfügung stehen. Die Dynamik des Wandels, zunehmende Komplexität sowie die Ausdehnung überregionaler Einflüsse und Aktivitäten etc. lassen das Informationswesen immer bedeutsamer werden. Insoweit entwickelt sich auch zunehmend ein so genanntes **Informationsmanagement** heraus (auf das an späterer Stelle detaillierter einzugehen sein wird), das für die Beschaffung, Aufbereitung, Sicherung und Zurverfügungstellung der Informationen zuständig ist.

Dieser Bedeutung entsprechend, wird oftmals das Bild vom Leistungs- und Zahlungsstrom durch einen Informationsfluss ergänzt, der letztendlich alle betrieblichen Bereiche einschließt und darüber hinausgeht – siehe Abb. 1.4.

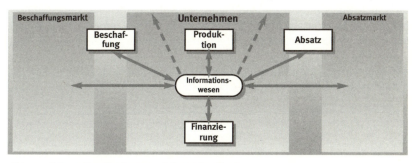

Abb. 1.4: Informationeller Prozess – Informationsfluss

Durch welche Darstellung kann der sich ständig wiederholende Prozess besonders veranschaulicht werden?

Frage 1-D-08

Betrieblicher Wertekreislauf

Während durch die Darstellung der Ströme – auf die sich die vorangegangenen Fragen bezogen – die Prozesse, der Fluss, linear aufgezeigt wurden, lässt sich die ständige Wiederkehr und Abfolge besonders gut als Kreis veranschaulichen. Dies erfolgt durch den **betrieblichen Wertekreislauf**, siehe Abb. 1.5.

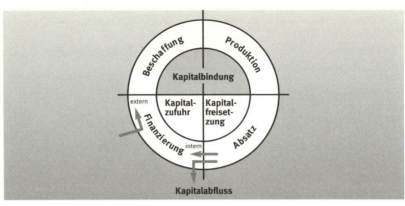

Abb. 1.5: Betrieblicher Wertekreislauf

Hier wird besonders deutlich, dass mit der Beschaffung (und den damit verbundenen Zahlungsverpflichtungen) eine Kapitalbindung erfolgt, die auch während der Produktion aufrecht erhalten bleibt. Erst mit dem Absatz (und den damit entstehenden Zahlungsansprüchen) erfolgt eine Kapitalfreisetzung. Dieses freigesetzte Kapital kann entweder dem Unternehmen weiterhin zur Finanzierung zur Verfügung stehen (intern) oder fließt ab, beispielsweise in Form von Gewinnausschüttungen. Die aus interner Freisetzung oder externer Zurverfügungstellung gewonnenen Finanzierungen (Kapitalzufuhr) stehen dann wieder zur weiteren Kapitalbindung zur Verfügung. Hiermit wird der Wiederholungscharakter betrieblicher Prozesse veranschaulicht.

Frage 1-D-09 **Wie lässt sich das Umfeld des Unternehmens darstellen? Welche Einflüsse können sich dabei ergeben?**

Umfeld
Markt
Regulative Gruppe

Die Unternehmung steht im Mittelpunkt der betriebswirtschaftlichen Betrachtung. Sie kann jedoch nicht isoliert behandelt werden. Unternehmungen stehen in vielfacher Wechselbeziehung zu ihrer Umwelt – zunehmend wird hierbei statt von Umwelt von **Umfeld** gesprochen, da der Begriff »Umwelt« heute oftmals stark mit ökologischen Sichtweisen als Teilaspekt verbunden wird.

Wie aufgezeigt, bestehen Verbindungen des Unternehmens zu »seinem« Markt sowohl auf der Beschaffungs- als auch auf der Absatzseite. Die Entscheidungen, wie sich das Unternehmen auf diesen Märkten verhalten will – und ggf. auch, auf welchen Märkten es tätig bleibt oder aktiv werden soll – hängen nicht nur von den Entwicklungen dieser Märkte, sondern auch des darüber hinausgehenden Umfeldes ab. Abb. 1.6 zeigt eine mögliche Strukturierung.

Markt im engeren Sinne:
- Auf dem Absatzmarkt sind dies die Kunden, die Leistungen abnehmen, also in Geschäftsbeziehung mit dem Unternehmen stehen.
- Daneben steht das Unternehmen auf der Beschaffungsseite in unmittelbarem Kontakt mit Mitarbeitern, Lieferanten und Dienstleistern. Hierzu zählt auch die Zurverfügungstellung finanzieller Mittel für den Aufbau und die Aufrechterhaltung der Leistungsbereitschaft durch Anleger und Kreditgeber, beispielsweise Banken.

Darüber hinaus muss das Unternehmen auf Grund gesetzlicher Bestimmungen und Verordnungen Steuern und Gebühren zahlen. Soweit durch die Aufnahme bzw. Abgabe von Leistungen Zahlungsverpflichtungen bzw. Zahlungsansprüche entstehen, gibt das externe Rechnungswesen des Unternehmens Auskunft über die Entwicklung dieser Geschäftsbeziehungen und deren Erfüllung.

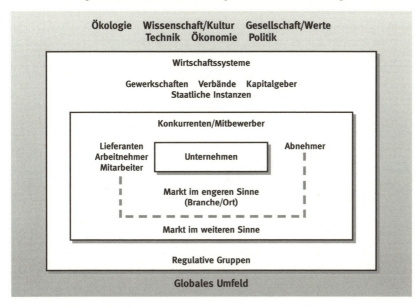

Abb. 1.6: Umfeld des Unternehmens

Markt im weiteren Sinne:
- Auf der Absatzseite sind dies die Konkurrenten, die sich um die gleichen Abnehmer bemühen und die potenziellen Abnehmer, die noch nicht zum eigenen Kundenstamm gehören.
- Auf der Beschaffungsseite erweitert sich der Markt um all jene Anbieter, von denen das Unternehmen alternativ oder ergänzend zu seinen bisherigen Geschäftspartnern Leistungen in Anspruch nehmen könnte. Auf dem Beschaffungsmarkt konkurriert das Unternehmen mit anderen Nachfragern.

Die Grenzen zwischen Markt im engeren und im weiteren Sinne sind fließend:
Auf der Absatzseite bestimmen die Stellung des Unternehmens gegenüber seinen Mitbewerbern und das Nachfragevolumen seitens der Kunden den Spielraum bei der Preisbestimmung und seinem sonstigen Marktverhalten. Je leichter der Kunde auf andere Lieferanten ausweichen kann, umso kleiner ist dieser Spielraum – z.B., wenn das Angebot größer als die Nachfrage ist (so genannter Käufermarkt) und/oder der Mitbewerber in seinem gesamten Leistungsangebot für die Kunden attraktiver erscheint.

Entsprechendes gilt auf dem Beschaffungsmarkt. Hier tritt das Unternehmen als Nachfrager auf, und sein Spielraum wird dann enger, wenn knappe Güter beschafft werden sollen, also die Nachfrage größer ist als das Angebot (Verkäufermarkt).

Vom Markt im engeren Sinne wird auf der Absatzseite auch gesprochen, wenn sich Anbieter der gleichen Branche um dieselben Abnehmer, die Zielgruppe z.B. einer Region, dem Absatzgebiet, bemühen.

Die Grenzen zwischen Markt im engeren und im weiteren Sinne sind fließend. Zumindest können sich aus diesem Potenzial wechselseitige Einflüsse ergeben. Eine Verschlechterung der Situation für das Unternehmen auf dem Absatzmarkt kann prinzipiell aus zwei Richtungen erfolgen:

1. Neue Anbieter drängen auf den Markt mit gleichen oder, bezogen auf den Nutzen des Kunden, vergleichbaren Produkten (Substituten), sodass sich das Angebot erhöht und die Wettbewerbssituation verschärft (falls nicht gleichzeitig die Nachfrage entsprechend wachsen würde).
2. Das Nachfragevolumen der Kunden lässt nach, sei es, dass die Zahl der Nachfrager kleiner wird oder sie weniger Geld auf diesem Markt auszugeben bereit und/oder in der Lage sind.

Eine Marktverbesserung würde für das Unternehmen bei entsprechend entgegengesetzten Einflüssen entstehen.

Wettbewerber werden zusätzlich auf den Markt drängen, wenn sie sich hiervon einen wirtschaftlichen Erfolg versprechen; Gründe hierfür können sein:

- Überdurchschnittlich hohe Margen in diesem neuen Marktbereich,
- bessere Voraussetzungen der Neueintretenden gegenüber den bisher im Markt tätigen, die Kunden für sich zu gewinnen, z.B. modernere Verfahren und Vorgehensweisen, bessere Kostenstrukturen und daher günstigere Preisgestaltungen, Innovationen etc.
- geringe Markteintrittsbarrieren (auf sie wird hier nicht weiter eingegangen),
- ungünstige Aussichten auf den Märkten, in denen die neu eindringenden bisher tätig waren, oder
- mögliche Synergieeffekte für diese bei der Ausdehnung in den neuen Marktbereich.

Auch für das Nachlassen der Nachfrage können verschiedene Gründe ursächlich sein, die hier nur beispielhaft (kein Anspruch auf Vollständigkeit) angeführt werden:

- Die Zahl der Nachfrager lässt nach. Beispiele: Rückgang der Einwohnerzahl im Einzugsgebiet; kleiner werdende Zielgruppe durch demografische Veränderungen in der Kundenstruktur, z.B. weniger Geburten und damit weniger Nachfrage für ein Unternehmen, das Artikel für Kinder anbietet oder Ähnliches.
- Den Nachfragern steht weniger Einkommen zur Verfügung, sodass insgesamt auch ihr Nachfragevolumen sinken wird, falls dies nicht teilweise durch verändertes Sparverhalten ausgeglichen wird. Die Auswirkungen auf verschiedene Branchen sowie auch auf höher- oder niedrigpreisigere Artikelanbieter wird in der Regel unterschiedlich sein; die verschiedenen Aspekte werden u.a. auch in der so genannten Preispolitik behandelt.
- Dies gilt auch für den Fall der so genannten Kreuzpreis-Elastizität, wenn beispielsweise ein privater Haushalt bei konstant verfügbarem Einkommen höhere Energiepreise zahlen muss, seinen Energieverbrauch aber nicht entsprechend einschränkt, so höhere Energieausgaben hat und dann möglicherweise sein Budget für Urlaub, Möbelkauf, Kleidung etc. reduziert.

Die vorgenannten Aspekte sind nur Beispiele einer Fülle wechselseitiger Beeinflussungen. Sie sollen aufzeigen, dass der Markt im engeren Sinne nicht ohne Rücksicht auf den Markt im weiteren Sinne beurteilt werden kann.

Regulative Gruppen:
Zu ihnen gehören jene Institutionen, die nicht unmittelbar im eigenen Markt auftreten, jedoch das Verhalten der am Markt Beteiligten beeinflussen. Beispiele:
- Gewerkschaften und Verbände wie Handwerkskammern, Arbeitgeberverbände etc., die bemüht sind, ihren Mitgliedern im Wettbewerb eine bessere Position zu verschaffen, als diese sie als Einzelne erreichen könnten – auch dies beeinflusst das Marktgeschehen.
- Kapitalgeber können ihr Geld in unterschiedliche Branchen und bei unterschiedlichen Unternehmungen anlegen. Erhöhen oder verringern sie ihre Mittelbereitstellung für ein Unternehmen (oder eine Branche), so beeinflussen sie damit gleichzeitig dessen Gestaltungsrahmen. Insoweit wirken auch sie regulativ. Für die Unternehmensführung ist es somit wesentlich, für genügend Kapitalgeber interessant zu bleiben, um die notwendigen finanziellen Mittel zur Verfügung gestellt zu bekommen.
- Staatliche Instanzen haben über Steuern, Gebühren, eventuelle Subventionen und steuerliche Anreize, Abschreibungsmodalitäten etc. Einfluss auf die Ergebnisse, Entscheidungen und Verhaltensweisen der Unternehmen. Außerdem wirken gesetzliche Regelungen auf Unternehmensentscheidungen ein.

Die Entscheidung von Unternehmen, auf einem bestimmten Markt tätig sein zu wollen, wird beispielsweise nicht nur von den unmittelbaren Daten des Marktes (wie Nachfrage und Wettbewerber) bestimmt, sondern auch davon, in welchem Ausmaß regulative Einflüsse bestehen bzw. erwartet werden. Fühlt sich beispielsweise ein Unternehmen in der Entfaltung seiner Potenziale, und damit dem Erreichen entsprechender Erfolge, durch zu starke regulative Einflüsse behindert, wird es versuchen, auf andere Märkte auszuweichen, die mehr Gestaltungsfreiheit und Erfolgsaussichten versprechen.

Globales Umfeld:
Die hier genannten Faktoren wie Ökologie und Umweltbewusstsein, Wissenschaft/Kultur, Gesellschaft mit ihren Werten und auch Werteveränderungen (Dynamik des Wertewandels und multikulturelle Einflüsse), Technik (neue Verfahren etc., Gentechnik u.a.), ökonomische Rahmenbedingungen und ganz allgemein politische Entwicklungen beeinflussen Entscheidungen und Verhaltensweisen der Personen und Instanzen sowohl der regulativen Gruppen als auch derer, die unmittelbar am Markt agieren. Teilweise vollziehen sich diese Veränderungen nur langsam und stetig. Oftmals sind sie – oder zumindest ihre Auswirkungen – lange Zeit unbemerkt, um dann umso intensiver die Situation auch für das Unternehmen zu verändern.

Beispielsweise wächst langsam ein anderes ökologisches Verständnis, ohne sich unmittelbar auf das Kaufverhalten auszuwirken, bis dann (scheinbar plötzlich) die Kunden entsprechend belastete Produkte nicht mehr kaufen. Oder im anderen Falle entwickeln sich Techniken, denen man lange Zeit skeptisch gegenübersteht, und plötzlich gibt es einen Durchbruch mit neuer, rasant wachsender

Nachfrage. Das Verhalten der Nachfrager kann auch dadurch mit beeinflusst werden, dass beispielsweise der Staat entsprechende Regelungen lockert oder verschärft, Kapitalgeber bestimmte Branchen und Entwicklungen favorisieren oder sich von ihnen abwenden. In jedem Fall ist es für das Unternehmen entscheidend, die sich abzeichnenden Veränderungen möglichst frühzeitig zu erkennen, um sich rechtzeitig darauf vorzubereiten.

Das Unternehmen ist Teil seines Umfeldes. Es muss sich auf die Situation und die Veränderungen einstellen; in gewissem Rahmen kann es sie auch beeinflussen.

Frage 1-D-10 Welches sind die beiden »Grundprinzipien« betriebswirtschaftlichen Verhaltens?

Ökonomisches Prinzip
Prinzip des finanziellen Gleichgewichts

Betriebswirtschaftliche Prinzipien sind Grundlagen, an denen sich Entscheidungen orientieren und die zur Beurteilung von Handlungen/Handlungsalternativen sowie deren Ergebnissen hinzugezogen werden.

Als Grundprinzipien sind solche Regeln anzusehen, die unabhängig vom jeweiligen Wirtschaftssystem – und eventuell zusätzlichen Zielsetzungen – Gültigkeit haben. Sie basieren auf dem Rationalprinzip, also der Annahme, dass sich Wirtschaftssubjekte ökonomisch vernünftig verhalten. Dies bedeutet, einen bestimmten Erfolg mit geringstmöglichem Mitteleinsatz zu erreichen bzw. aus einem vorgegebenen Mitteleinsatz den höchstmöglichen Ertrag zu erzielen. Lange Zeit wurde dieses Streben nach Nutzenmaximierung für Unternehmen auf Gewinnerzielung reduziert bzw. zusammengefasst (Erweiterung siehe Frage 1-D-11). Kommt noch die Annahme hinzu, dass alle relevanten Informationen – z.B. über Handlungsalternativen, Zukunftsentwicklung des Umfeldes etc. – bekannt sind, so wird vom **Homo ökonomikus** gesprochen. Diese Voraussetzungen sind in der wirtschaftlichen Realität zumindest nicht vollständig gegeben. Dennoch gilt das Bemühen, sich an ökonomisch vernünftigen Verhaltensweisen zu orientieren.

Dies wird als das **ökonomische Prinzip** – auch Wirtschaftlichkeitsprinzip genannt – bezeichnet.

Dieses Streben nach Nutzenmaximierung ist mit einigen Risiken verbunden. Beispielsweise können sich die Rahmenbedingungen anders entwickeln als prognostiziert. Manchmal reichen schon zeitliche Verzögerungen, um ein Unternehmen in seinem Bestand zu gefährden, z.B.: Der Faktoreinsatz wurde vorgeleistet und finanziert, die Erträge kommen nun später ein und damit auch der Kapitalrückfluss, sodass möglicherweise die rechtzeitige Erfüllung von Verbindlichkeiten beeinträchtigt oder unmöglich wird. Insoweit ist es für die Erhaltung des Unternehmens vernünftig, neben dem Nutzenstreben auch Sicherheitsüberlegungen einzubeziehen. Soll man sich für eine Alternative mit höheren Gewinnchancen, aber auch größeren Risiken entscheiden oder für jene mit geringeren, aber gesicherten Erträgen?

Für wirtschaftliche Entscheidungen – z.B. den Erwerb und die Kombination von Produktionsfaktoren oder die Gestaltung von Leistungsprozessen – gelten zwei Grundprinzipien:
- Ökonomisches Prinzip – Wirtschaftlichkeitsprinzip
- Prinzip des finanziellen Gleichgewichts – Liquidität.

1. Wirtschaftlichkeitsprinzip

Hier gibt es grundsätzlich zwei bereits zuvor angesprochene Ausprägungen bzw. eine dritte::
- *Maximalprinzip*, mit einem gegebenen Input ist ein größtmöglicher Output zu erreichen.
- *Minimalprinzip*, ein vorgegebener Output soll durch minimalen Input erzielt werden.

In vielen konkreten Entscheidungssituationen ist jedoch weder der Input noch der Output fest vorgegeben – es wird vielmehr die günstigste Kombination unter Beachtung vorliegender Rahmenbedingungen gesucht. Somit ergibt sich zusätzlich:
- *Optimalprinzip*, gesucht wird die Alternative mit dem günstigsten Verhältnis von Output zu Input.

Außerdem wird unterschieden in:
- *Absolute Wirtschaftlichkeit*, das Handlungsergebnis ist größer als der erforderliche Mitteleinsatz.
- *Relative Wirtschaftlichkeit*, sie beschreibt die Beziehung der absoluten Wirtschaftlichkeit verschiedener Handlungsalternativen zueinander.

Es kann also sein, dass eine Handlungsmöglichkeit absolut wirtschaftlich ist, jedoch im Verhältnis zu einer anderen Alternative relativ unwirtschaftlich. Andererseits könnte eine notwendige Aktion absolut nicht wirtschaftlich sein, aber immer noch günstiger als andere Alternativen; sie ist dann die relativ wirtschaftlichste, weil beispielsweise der Verlust minimiert wird.

Als Maßstäbe zur Berechnung der Wirtschaftlichkeit können dienen:
- Ein absoluter Wert, also Output minus Input, beispielsweise Ertrag minus Aufwand = Gewinn,
- eine relative Kennzahl, also das Verhältnis Output zu Input, beispielsweise Erträge durch Aufwendungen.

Im Sinne einer absoluten Wirtschaftlichkeit müsste im ersten Fall der Wert positiv sein und im zweiten Fall größer als 1. Auf weitere Einzelheiten bei der Berechnung der Wirtschaftlichkeit wird mit Frage 1-D-12 eingegangen.

2. Prinzip des finanziellen Gleichgewichts – Liquidität

Ein Unternehmen befindet sich im finanziellen Gleichgewicht, wenn es jederzeit in der Lage ist, seinen Zahlungsverpflichtungen nachzukommen.

Ist diese Zahlungsfähigkeit aktuell und nachhaltig nicht mehr gewährleistet, so führt dies zu einer Existenzbedrohung und gefährdet den Fortbestand des Unternehmens. Hieraus ergibt sich die Notwendigkeit, das finanzielle Gleichgewicht aufrechtzuerhalten.

Wie bereits zuvor angesprochen, haben sich also unternehmerische Entscheidungen nicht nur am Wirtschaftlichkeitsprinzip zu orientieren, sondern auch an den mit dem Vorhaben verbundenen Einzahlungen und Auszahlungen, ihrer zeitlichen Verteilung und damit ihrer Auswirkung auf die Liquidität.

Das nachhaltige Unvermögen, berechtigte Zahlungsanforderungen zu erfüllen – also nicht nur die vorübergehende Zahlungsstockung – wird als Illiquidität bezeichnet und ist ein Grund zur Insolvenz.

Frage 1-D-11 **Welche weiteren Prinzipien (Dimensionen) ergeben sich aus zusätzlichen Zielen? Wie können sie strukturiert werden?**

Elementarziele

Die ökonomische Dimension steht im Zusammenhang mit den so genannten **drei Elementarzielen**:
1. Sicherung der Liquidität
2. Erwirtschaftung eines (angemessenen) Gewinns, zumindest einer Kostendeckung
3. Schaffung notwendiger Erfolgspotenziale – dieser strategische Aspekt dient der Sicherung der Voraussetzungen, um nachhaltig die beiden vorgenannten Ziele zu erfüllen.

Hierzu dienen:
- Die Sicherung der erforderlichen Produktionsfaktoren,
- die Schaffung der Voraussetzungen für einen entsprechenden Leistungsprozess durch die Unternehmensleitung und die Organisation,
- die Beachtung des Wirtschaftlichkeitsprinzips und des Prinzips des finanziellen Gleichgewichts.

Zunehmend werden Betriebe auch in ihrer übergeordneten Verantwortung gesehen, sodass eine Verengung auf rein erwerbswirtschaftliche Aspekte oder gar allein auf Gewinnerzielung als nicht mehr ausreichend angesehen wird. Insoweit wird die ökonomische Dimension ergänzt durch Ziele, die sich in zwei weitere Dimensionen gliedern lassen:

Human (soziale) Dimension:
Hierzu zählen insbesondere Arbeitsmotivation bzw. -zufriedenheit, humane Arbeitsbedingungen, Arbeitsplatzgestaltung, Mitbestimmung, Arbeitsplatzerhaltung etc., also insbesondere Anliegen, die, bezogen auf die Stellung der menschlichen Arbeit, mit Begriffen wie »Humanisierung der Arbeit« und »Selbstverwirklichung und -bestätigung« verbunden sind.

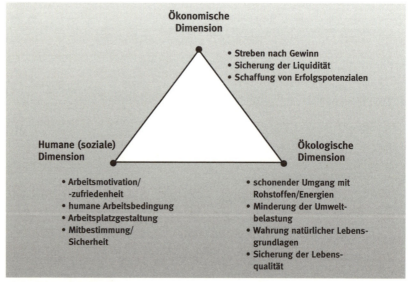

Abb. 1.7: Spannungsdreieck

Ökologische Dimension:
Hier geht es um das Aufstellen von Prinzipien, um zu verhindern, dass die Umwelt ausgebeutet wird, womit dem ökologischen Anliegen Rechnung getragen wird, beispielsweise durch schonenden Umgang mit Rohstoffen und Energien etc., Minderung der Umweltbelastungen, u.a. Emissionsschutz, Wahrung der natürlichen Lebensgrundlagen und Sicherung der Lebensqualität.

Die Abbildung zeigt alle drei Dimensionen im Spannungsdreieck. Für das Unternehmen gilt es, durch entsprechende Zieldefinitionen (Zielszenario) einen sinnvollen Interessenausgleich herbeizuführen.

Soweit sich beispielsweise aus ökologischen Gründen die Faktorpreise erhöhen (siehe Ökosteuer), so beeinflusst dies zugleich auch die ökonomische Dimension.

Wie lässt sich die Beachtung des ökonomischen Prinzips messen?

Frage 1-D-12

Produktivität
Wirtschaftlichkeit
Rentabilität

Im Rahmen von Frage 1-D-10 wurde bereits darauf hingewiesen, dass sich die Wirtschaftlichkeit durch absolute Werte oder relative Kennzahlen darstellen lässt. Darüber hinaus können weitere Aspekte zur Differenzierung herangezogen werden. Wird die Ergiebigkeit der Leistungserbringung lediglich mengenmäßig vorgenommen, so spricht man von Produktivität; erfolgt sie bewertet, wird dies als Wirtschaftlichkeit bezeichnet. Zusätzlich gibt Rentabilität Auskunft über das Verhältnis des Erfolges zu anderen Größen. In den nachfolgenden drei Abbildungen werden jeweils entsprechende Berechnungsbeispiele dargestellt.

$$\text{Produktivität allgemein} = \frac{\text{Ausbringungsmenge}}{\text{Faktor-Einsatzmenge}}$$

Bezogen auf einzelne Produktionsfaktoren:

a) $\text{Arbeitsproduktivität} = \dfrac{\text{Ausbringungsmenge}}{\text{Einsatzmenge des Produktionsfaktors Arbeit*}}$

*z.B. Arbeitszeit (Arbeitsstunden), Zahl der Arbeiter

b) $\text{Material- bzw. Werkstoffproduktivität} = \dfrac{\text{Ausbringungsmenge}}{\text{Material (Einsatzmenge des Faktors Werkstoffe)}}$

$$= \frac{\text{Ausbringungsmenge}}{\text{Verbrauchsmenge}}$$

$$\text{z.B.} = \frac{\text{km-Leistung}}{\text{Liter Benzin}} \quad \text{oder} \quad \frac{\text{Anzüge}}{\text{je Stoffballen}}$$

c) $\text{Betriebsmittelproduktivität} = \dfrac{\text{Ausbringungsmenge}}{\text{Einsatzmenge des Faktors Betriebsmittel}}$

$$\text{z.B.} = \frac{\text{Anzahl gefertigte Teile}}{\text{Maschinenstunden}}$$

Abb. 1.8: Produktivität

$$\text{Wirtschaftlichkeit} = \frac{\text{Leistung nominal}}{\text{Kosten nominal}}$$

$$= \frac{\text{Leistungsmenge} \cdot \text{Preis}}{\text{Kosten-Menge} \cdot \text{Preis(en)}}$$

Preise können sein: Marktpreise oder Verrechnungspreise

Abb. 1.9: Wirtschaftlichkeit

$$\text{Rentabilität} = \frac{\text{Erfolgsgröße}}{\text{Bezugsgröße}}$$

Beispiele einer Kapitalrentabilität:

$$\text{Eigenkapitalrentabilität} = \frac{\text{Erfolg}}{\text{Eigenkapital}} \cdot 100$$

$$\text{Gesamtkapitalrentabilität} = \frac{\text{Erfolg + Kapitalzinsen}}{\text{Gesamtkapital}} \cdot 100$$

$$\text{Betriebsrentabilität} = \frac{\text{Betriebsgewinn}}{\text{betriebsnotwendiges Kapital}} \cdot 100$$

Bezogen auf Umsatz:

$$\text{Umsatzrentabilität} = \frac{\text{Erfolg}}{\text{Umsatz}} \cdot 100$$

Abb. 1.10: Rentabilität

Es sind also drei Bemessungskreise zu unterscheiden.

1. Produktivität
Die Ergiebigkeit der betrieblichen Faktorkombination wird als Produktivität bezeichnet, also die Gegenüberstellung von Faktorertrag zu Faktoreinsatz – Output zu Input. Die Produktivität wird auch als mengenmäßige bzw. technische Wirtschaftlichkeit bezeichnet und verdeutlicht den technischen Aspekt der Leistungserstellung. Die Gesamtproduktivität wäre der Faktorertrag zur Summe aller Faktoreinsätze. Wegen der Nicht-Addierbarkeit der Einsatzmengen unterschiedlicher Faktoren – wegen verschiedener Dimensionen, differenzierender Qualitäten etc. – lässt sich eine Gesamtproduktivität nicht ermitteln. Hierzu wäre eine Bewertung notwendig (siehe Wirtschaftlichkeit). Daher begnügt man sich mit Kennzahlen zur Teilproduktivität, also Ausbringungsmenge bezogen auf die Einsatzmenge eines einzelnen Faktors – siehe hierzu Abb. 1.8.

2. Wirtschaftlichkeit
Im Gegensatz zur Produktivität werden Mitteleinsatz und Handlungsergebnis bewertet. Damit ist auch ihre Beziehung zueinander wertmäßig erfassbar.

Die Bewertung erfolgt üblicherweise durch Geldbeträge. Dies können beispielsweise Verrechnungspreise oder Marktpreise sein. Durch die Bewertung ergeben sich Beträge für die einzelnen Faktormengen, sodass sich diese für unterschiedliche Faktoreinsätze addieren und dem Wert des Faktorertrages (oder der Summe mehrer Faktorerträge) gegenüberstellen lassen. Damit ist auch die Ermittlung einer Gesamtwirtschaftlichkeit möglich. Ebenso der Vergleich der Wirtschaftlichkeit unterschiedlicher Faktorkombinationen, also die Ermittlung relativer Wirtschaftlichkeit als Entscheidungsgrundlage.

Bei der Bewertung zu den jeweiligen tatsächlichen Preisen (Marktpreisen) wird deutlich, dass die Wirtschaftlichkeit für das Unternehmen nicht nur von der Effizienz der Faktorkombination und dem internen Leistungsprozesse abhängig ist, sondern zugleich von der Entwicklung der Preise auf dem Beschaffungs- und Absatzmarkt, also von externen Einflüssen.

Sollen bei der Betrachtung solche externen Einflüsse unberücksichtigt bleiben, so wird mit festen Preisen, beispielsweise vorgegebenen Verrechnungspreisen etc., gerechnet. Dies bedeutet, dass eine Veränderung der Wirtschaftlichkeit Rückschlüsse auf reale Veränderungen bei den Mengen der eingesetzten Faktoren und/oder Ausbringungen zulässt. Beide Fälle sind in Abb. 1.9 dargestellt.

Erfolgt die Berechnung (sowohl der Mengen und/oder der Preise) in der Planung und Vorgabe mit Plan- oder Soll-Werten und während oder nach der Durchführung mit tatsächlichen Ist-Werten, so können entsprechende Wirtschaftlichkeitsvergleiche zur Überwachung eingesetzt werden.

Gelegentlich wird zur Definition der Wirtschaftlichkeit die Relation von Soll- und Ist-Größen als zweckmäßiger angesehen (beispielsweise Olfer-Rahn unter Bezug auf Gutenberg), also: Wirtschaftlichkeit = Soll-Kosten durch Ist-Kosten. Hierbei konzentriert sich dann Wirtschaftlichkeit jedoch auf die (Kontroll-)Frage, inwieweit im tatsächlichen Vollzug eine als Richtwert angesehene Vorgabe der Faktoreinsätze eingehalten wurde.

Für die Entscheidung zwischen unterschiedlichen Faktorkombinationen mit gegebenenfalls auch unterschiedlichen Ausbringungen erscheint die zuvor genannte Wirtschaftlichkeit, die Input und Output berücksichtigt, sinnvoller.

3. Rentabilität
Rentabilität ist das Verhältnis einer Erfolgsgröße (z.B. Gewinn als Ertrag minus Aufwand einer Periode) zu anderen Größen. Hierbei kann es sich handeln um:
- Bestandsgrößen, z.B. Kapital;
- Bewegungsgrößen, z.B. Umsatz der gleichen Periode, auf die sich der Erfolg bezieht.

Beispiele unterschiedlicher Rentabilitätsermittlungen sind in Abb. 1.10 dargestellt.

Die Eigenkapitalrentabilität gibt beispielsweise an, wie sich in einer Periode das eingesetzte Eigenkapital verzinst. Für Überlegungen in der Planungs- und Entscheidungsphase kann somit diese Rentabilität mit der Rentabilität anderer Alternativen oder der erwarteten Verzinsungsrate der Kapitalgeber verglichen werden.

Die Gesamtrentabilität in Relation zu den Zinsen, die für Fremdkapital zu zahlen sind bzw. wären, kann Grundlage für Überlegungen sein, inwieweit durch weitere Kreditaufnahme die Eigenkapitalrendite verbessert werden kann. Dies wäre der Fall, wenn auch bei Ausdehnung die erwartete Gesamtrendite über den Zinsen für Fremdkapital liegt. Dies wird auch als Laverage-Effekt oder Hebelwirkung des Verschuldungsgrades etc. bezeichnet. Diese Schlussfolgerungen können jedoch nicht unreflektiert übernommen werden, da alle Vorausrechnungen mit Risiken verbunden sind und die Hebelwirkung ebenso in umgekehrte Richtung wirksam wird, z.B. dann, wenn die Gesamtrentabilität unter dem für Fremdkapital zu zahlenden Zins absinkt. Die Risiken liegen u.a. in der Prognose, wenn erwartete Erträge nicht im vorgeplanten Umfang eintreten oder wenn die Fremdkapitalzinsen steigen. Auch hier zeigt sich wieder die Notwendigkeit der Abwägung zwischen einem Gewinnstreben im Rahmen des ökonomischen Prinzips und den Sicherheitsüberlegungen bezüglich der Liquidität.

Frage 1-D-13 — Wirtschaftsordnung/Wirtschaftssystem

Welche zwei idealtypischen Ausprägungen der Wirtschaftsordnung werden unterschieden? Wie werden dabei systemabhängige und systemunabhängige Aspekte zugeordnet?

Die Begriffe »Wirtschaftsordnung« und »Wirtschaftssystem« werden in der Literatur uneinheitlich verwendet, gegeneinander abgegrenzt oder zugeordnet – siehe hierzu insbesondere die verschiedenen Schulen in der Nationalökonomie. Für die Unternehmung bedeuten sie die Gesamtheit des Ordnungsgefüges, innerhalb dessen sich das ökonomische Handeln vollzieht. Sie wird insbesondere geprägt von z.B. durch Gesetz und Verordnung geschaffene Wirtschaftsverfassung, die gewachsene sittlich-moralische Ordnung sowie die Umsetzung durch die Wirtschaftspolitik.

Idealtypisch wird eingeteilt in Marktwirtschaft (Verkehrswirtschaft) und Planwirtschaft (zentralgeleitete Wirtschaft). In diesem Kontext sind Aspekte zu beachten, die als systemabhängige und systemunabhängige Prinzipien gegliedert werden – siehe Abb. 1.11.

Systemunabhängige Faktoren
Zu ihnen gehört der wirtschaftliche Einsatz der Produktionsfaktoren und grundsätzlich das Prinzip der Wirtschaftlichkeit sowie das des finanziellen Gleichgewichts, auch wenn möglicherweise diese durch Zuschüsse im Rahmen der Planvorgaben in ihrer Einhaltung unterstützt werden.

Die systemabhängigen Faktoren sind geprägt vom jeweilgen Ordnungsgefüge.

Marktwirtschaft
Typisch sind hier:
- Autonomieprinzip; der einzelne Betrieb darf seine Produktionsprogramme und seine Preise selbst festlegen, prinzipiell ohne staatliche Vorgabe.
- Prinzip des Privateigentums; die Produktionsfaktoren befinden sich im Privatbesitz und in privater Verfügungsgewalt; das Eigentum wird vom Gesetz geschützt, wenn auch mit dem Zusatz »Eigentum verpflichtet«, der Sozialbindung des Eigentums.
- Erwerbswirtschaftliches Prinzip (auch »Gewinnmaximierungsprinzip«); es erlaubt dem Unternehmen das Streben nach optimalem Gewinn.

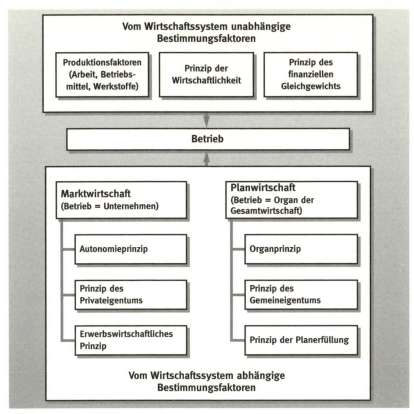

Abb. 1.11: Betrieb und Wirtschaftsordnung

Planwirtschaft

Für sie sind typisch:
- Organprinzip; an Stelle dezentraler Planung durch die einzelnen Betriebe tritt die zentrale Wirtschaftsplanung, zumeist durch Behörden, welche Programme, Preise etc. festlegen.
- Prinzip des Gemeineigentums; an Stelle des Privatbesitzes tritt der Gemeinschaftsbesitz an Produktionsfaktoren und die Schaffung volkseigener Betriebe.
- Prinzip der Planerfüllung; oberstes Ziel des Betriebes ist nicht die Gewinnerzielung, sondern die Erfüllung bzw. gar Übererfüllung des Plansolls.

Mit der **sozialen Marktwirtschaft** wird eine Marktordnung angestrebt, die die Vorteile der (freien) Marktwirtschaft und die entsprechenden Eigeninitiativen verbinden soll mit sinnvollen staatlichen Eingriffen. Hierzu zählen insbesondere:
- Die Einschränkung des Missbrauchs von Marktmacht, beispielsweise durch Gesetz zur Förderung des Wettbewerbs;
- Beachtung allgemeiner volkswirtschaftlicher Belange sowie auch der Anliegen von Minderheiten und wirtschaftlich schwächeren Mitgliedern, beispielsweise Sozialverpflichtung des Eigentums im Grundgesetz, wirtschafts- und sozialpolitische Maßnahmen etc.

2 Einordnung der BWL als Wissenschaft

Frage 2-A-01 Welche Aspekte sind bei der Einordnung der BWL als Wissenschaft zu beachten?

Wissenschaften/ allgemein

Im Mittelpunkt der Wirtschaftswissenschaften steht der Umgang mit knappen Gütern (siehe auch bei Frage 1- A-01) sowie die Analyse der Ziele und Mittel zur Gestaltung wirtschaftlicher Prozesse und Strukturen. Die Geschichte der heutigen Wirtschaftswissenschaft ist relativ jung. Erst etwa im 18. Jahrhundert entstand eine säkularisierte Wirtschaftswissenschaft (nicht gesetzlich, weltlich), jedoch geprägt von staatspolitischen Zielsetzungen – im Rahmen der Nationalökonomie, Disziplinen der Volkswirtschaftslehre und der Finanzwissenschaft. Die Betriebswirtschaftslehre entwickelte sich aus der Handelswissenschaft, zunächst außerhalb der Universitäten, ehe sie als wissenschaftlich und selbstständig innerhalb der Sozialwissenschaften anerkannt wurde.

Grundlage der Wissenschaften ist das Wissen im Gegensatz zu reinen Meinungen und Dafürhalten. Das Wissen kann überliefert oder durch Forschung und Lehre entwickelt sein. Es umfasst den Prozess methodisch betriebener Erkenntnisarbeit.

Die Erkenntnisarbeit geht über das einfache Sammeln, Beschreiben und Klassifizieren von Tatsachen hinaus, denn sie versucht, die Tatsachen auch zu erklären, ihre Zusammenhänge aufzuzeigen und Schlussfolgerungen zu ziehen. Die methodische Behandlung der Wissenschaften wird auch als Meta-Wissenschaft oder Wissenschaftstheorie bezeichnet.

Die einzelnen Wissenschaften lassen sich unterscheiden nach der Betonung ihres Erkenntnisgegenstandes. Dies bestimmt die Stellung der Wirtschaftswissenschaften im System der Wissenschaften sowie die Abgrenzung zwischen VWL und BWL.

Der Betrieb steht in so vielen Wechselwirkungen zu anderen Bereichen des Lebens, sodass sich auch in der BWL entsprechende Interdependenzen zu anderen Wissenschaften ergeben.

Die vielfältige Ausprägung betriebswirtschaftlicher Aktivitäten führt zu dem Bestreben einer strukturierten Gliederung in so genannte Betriebstypen, um das Objekt der Betrachtung zu spezifizieren. Im Zusammenhang hierzu kann auch die Unterscheidung in allgemeine und spezielle Betriebswirtschaft gesehen werden.

Die Betriebswirtschaftslehre betrachtet einerseits das wirtschaftliche Geschehen, um daraus Erkenntnisse abzuleiten. Zum anderen sollen ihre Rückschlüsse den in Betrieben Handelnden für ihre Entscheidungen und ihr Verhalten Unterstützung leisten. Insoweit ist die BWL sowohl eine theoretische Wissenschaft als auch eine Managementlehre.

Auf diese Aspekte wird mit den folgenden Detailfragen eingegangen werden.

Frage 2-D-01 Wie stehen die Wirtschaftswissenschaften im System der Wissenschaften? Wie wird BWL zur Volkswirtschaftslehre (VWL) abgegrenzt?

Wissenschaften/ Stellung der BWL

Die Zielsetzung einer Wissenschaft kann entweder rein theoretisch oder praktisch angewandt sein. Danach wird unterschieden in:

- **Ideal-Wissenschaften**, zeitlose Gegenstände betreffend,
- **Real-Wissenschaften**, die auf konkrete Gegenstände abzielen. Die Realwissenschaften lassen sich unterscheiden in:
  – **Naturwissenschaften**, die durch Beobachten, Sammeln und Vergleichen von Tatsachen Naturerscheinungen erforschen, Regelmäßigkeiten erkennen (z.B. Naturgesetze); zu ihnen gehören als Grundfächer Physik und Chemie, Geowissenschaften etc.
  – **Geisteswissenschaften**, sie umfassen die Deutung der Welt in Sprache, Mythos, Religion, Kunst und Philosophie (auf unterschiedliche Ansichten, inwieweit Kunst und Sprache als Wissenschaften anzusehen seien, soll hier nicht eingegangen werden) sowie die Sozialwissenschaften.
  Zu den **Sozialwissenschaften** zählen die Wirtschaftswissenschaften neben Soziologie, Politologie, Psychologie, Rechtswissenschaften, Pädagogik etc. Die Abgrenzung der Wirtschaftswissenschaften von anderen Sozialwissenschaften wird teilweise dadurch erschwert, dass eine Interdependenz der sozialen Tatbestände gegeben ist.

Abgrenzung der BWL zur Volkswirtschaftslehre
Üblicherweise werden die Wirtschaftswissenschaften untergliedert in:
- **Volkswirtschaftslehre (VWL):** Sie beschäftigt sich mit der Gesamtwirtschaft, den fundamentalen Erkenntnissen der Zusammenhänge und Abläufe volkswirtschaftlicher Art sowie das Ineinandergreifen der (durch gegenseitige Abhängigkeit) aufeinander angewiesenen und im regelmäßigen Tausch miteinander verbundenen Einzelwirtschaften. Üblicherweise erfolgt eine weitere Aufteilung in Mikro- und Makro-Ökonomie. Teilweise wird auch von Nationalökonomie gesprochen, da sie sich vorrangig mit globalen wirtschaftlichen Vorgängen und Zusammenhängen in einem Staat sowie zwischen mehreren Staaten befasst. Zur VWL gehören Volkswirtschaftstheorie, Finanzwissenschaft, Wirtschaftspolitik, Statistik, Ökonometrie, Wirtschaftsgeschichte und Wirtschaftsgeografie.
- **Betriebswirtschaftslehre (BWL):** Hier steht im Mittelpunkt als Erkenntnisobjekt der Betrieb als Einzelwirtschaft, der den Zweck der Fremdbedarfsdeckung verfolgt – gegenüber den Haushalten, die auf Eigenbedarfsdeckung ausgerichtet sind. Dabei werden sowohl die Aspekte innerhalb des Betriebes untersucht als auch die Beziehungen zum Umfeld (siehe Kapitel 1).

Vor allem in angelsächsischen und romanischen Ländern ist die Trennung zwischen VWL und BWL begrifflich und sachlich nicht so scharf erfolgt wie im deutschsprachigen Raum.

Die Geschichte der Volkswirtschaftstheorie ist wesentlich älter als die der Betriebswirtschaftslehre, deren Entwicklung zur selbstständigen wirtschaftswissenschaftlichen Disziplin allgemein in der Gründung der ersten Handelshochschule 1898 im deutschsprachigen Raum gesehen wird.

Die traditionelle Zweiteilung ist also zum einen geschichtlich gewachsen und zum anderen im heutigen Lehrbetrieb an deutschen Hochschulen üblich. Teilweise wird in theoretischen Abhandlungen eine stärkere Integration zu einer Wirtschaftswissenschaft gefordert.

Sinnvoll erscheint es, die Interdependenz der beiden Gebiete zu betonen und wechselseitig gesicherte Erkenntnisse der jeweils anderen Disziplin in den eigenen Betrachtungen zu berücksichtigen – dies erfolgt auch bei anderen Wissenschaftsgebieten, ohne dass es zu einer Verschmelzung kommen muss. Die Trennung ermöglicht es, das Erkenntnisobjekt der jeweiligen Wissenschaft konkreter und spezifischer zu bestimmen.

Frage 2-D-02 **Welche Interdependenzen bestehen zu anderen Wissenschaften?**

„Hilfs-" Wissenschaften

Die BWL betrachtet den Betrieb vorrangig unter wirtschaftlichen Aspekten. Nicht alle Vorgänge im Betrieb und nicht alle Verhaltensweisen, z.B. auch bei Entscheidungen, sind hiernach allein erklärbar. Sollen beim Erkenntnisobjekt Betrieb auch diese zusätzlichen Phänomene berücksichtigt werden, ist es sinnvoll, Erkenntnisse und Unterstützung anderer Wissenschaften einzubeziehen:

- Der Betrieb ist zugleich ein soziales Gebilde, in dem Menschen entscheiden und agieren, und dies nicht allein nach dem Rationalprinzip. Einflüsse können sich ergeben aus der Subjektivität der Individuen sowie ihrer Beziehungen zueinander; Psychologie und Soziologie können hier hilfreich sein.
- Entwicklungen in Naturwissenschaft und Technik beeinflussen ebenfalls die betrieblichen Prozesse der Leistungserstellung; daneben können Erkenntnisse der Arbeitswissenschaften hilfreich sein, ebenso wie Mathematik und insbesondere Statistik die verschiedenen Funktionen unterstützen.
- Entscheidungen im Betrieb und das Verhalten auf dem Markt werden neben ökonomischen Gesichtspunkten von Rechtsnormen mitbestimmt, sodass die Rechtswissenschaft mit verschiedenen ihrer Bereiche relevant ist.

Oftmals wird in der Literatur auch von Hilfswissenschaften der BWL gesprochen, was sprachlich der Selbstständigkeit der jeweiligen Wissenschaften nicht ganz gerecht zu werden scheint. Da der wirtschaftliche Erfolg mit beeinflusst wird davon, inwieweit die relevanten Einflüsse Berücksichtigung finden, ist es sinnvoll, sie einzubeziehen und das Erkenntnisprojekt entsprechend auszuweiten.

Frage 2-D-03 **Wie gliedern sich die Einzelwirtschaften?**

Einzelwirtschaften

Die VWL betrachtet alle am wirtschaftlichen Prozess teilnehmenden Wirtschaftseinheiten. Gegenstand der BWL ist der Betrieb, der auf Fremdversorgung ausgerichtet ist. Nachfolgende Abbildung verdeutlicht die Untergliederung.

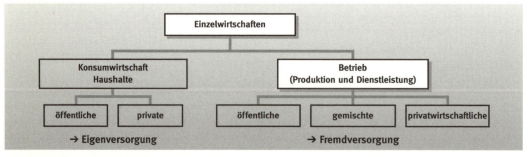

Abb. 2.1: Gliederung der Einzelwirtschaften

Betriebstypen – nach welchen Kriterien können sie gebildet werden? Frage 2-D-04

Betriebstypen

Nach Art der erstellten Leistungen wird unterschieden in:
- Sachleistungsbetriebe (in der Regel Industrie- und Handwerksbetriebe), die nach der erstellten Leistung weiter unterschieden werden können u.a. in Rohstoffgewinnungs-, Produktionsmittel- und Verbrauchsgüterbetriebe.
- Dienstleistungsbetriebe, hierzu gehören die Erbringer von Dienstleistungen wie Banken, Versicherungen, Verkehrsbetriebe etc., aber auch die Handelsbetriebe, deren zentrale Aufgabe in der Verteilung von Sachgütern besteht.

Üblich ist eine Einteilung nach **Wirtschaftszweigen (Branchen)**, die auch in Ergänzung zur vorgenannten Einteilung vorgenommen werden kann.

Die Branchenbildung kann sich auch zunächst am Produkt orientieren, z.B. Lebensmittel-, Textil-, Baustoff-, Automobil-Branche etc. Erst hierunter würde dann in Produktion und Dienstleistung unterschieden – insbesondere Handel.

Eine Einteilung nach Art des vorherrschenden Materials können sein Metall, Holz, Kunststoff verarbeitende Betriebe etc.

Nach den Stufen im Leistungsprozess ergeben sich Rohstoffgewinnung, Veredlung, Verarbeitung, Handel etc.

Kriterien nach der Art der **Leistungserstellung** (vgl. Kap. 3):
- Fertigungsprinzip, d.h. Massen-, Sorten-, Serien-, Partie- und Chargen-Fertigung oder Einzelfertigung.
- Fertigungsart (Arbeitstypen), beispielsweise Werkstatt, Fließ-, Gruppen- oder Baustellenfertigung mit Auswirkungen auf die Gestaltung der Betriebsstätten.

Nach dem **vorherrschenden Produktionsfaktor** kann in arbeits-, anlagen- oder materialintensive Betriebe gegliedert werden, ggf. zusätzlich energieintensive.

Nach dem **Geschäftsprinzip**, insbesondere hinsichtlich der Kriterien der Ausgestaltung des Gewinnstrebens, wird unterschieden in:
- am erwerbswirtschaftlichen System orientiert, unter Beachtung der übrigen Ziele nach Gewinn strebend;
- auf Kostendeckung ausgerichtet oder lediglich auf »angemessenen« Gewinn, z.B. genossenschaftliche Einheiten, bei denen der Nutzen der Mitglieder, der Genossen, im Vordergrund steht, oder manche Betriebe der öffentlichen Hand.
- Fremdbedarfsdeckung steht im Vordergrund, dies kann beispielsweise bei gemeinnützigen Betrieben oder Betrieben der öffentlichen Hand der Fall sein, die aus übergeordneten Gesichtspunkten selbst auf Kostendeckung verzichten – sie orientieren sich dennoch nach den wirtschaftlichen Prinzipien, um die Zuschüsse zu minimieren.

Weitere Einteilungen können sich ergeben nach: Rechtsform (siehe auch Kapitel 8), Betriebsgröße, Standortabhängigkeit, Beweglichkeit, z.B. bodenständig, stationäres Geschäft, Wandergewerbe, etc., Betriebsalter, Regionszugehörigkeit, regional, überregional oder international tätig, etc.

Mehrere Kriterien können auch gleichzeitig und ergänzend aufeinander abgestimmt einbezogen werden. Je weiter eine Untergliederung erfolgt, umso konkreter lässt sich der einzelne Betrieb beschreiben.

Dieser spezifischen Aussagefähigkeit steht auf der anderen Seite das Bemühen gegenüber, grundsätzliche (typische) Regeln und Verhaltensweisen zu erkennen und in überschaubarer Differenzierung darzustellen.

| Frage 2-D-05 | **Was wird unter allgemeiner und spezieller BWL verstanden?** |

Allgemeine und spezielle BWL

Allgemeine BWL
Sie behandelt Themen, die in mehr oder weniger starker Ausprägung für alle Betriebe von Bedeutung sein können, unabhängig von ihrer Zugehörigkeit zu einem speziellen Wirtschaftszweig oder sonstiger Typisierung.

Spezielle BWL
Gegenstand sind die betriebswirtschaftlichen Themen, die sich aus der Besonderheit einzelner Wirtschaftszweige ergeben, beispielsweise Industrie-, Handels-, Bankbetriebs-Lehre oder die Betriebswirtschaftslehre der Versicherungen, des Verkehrs, der Touristik etc. sowie sonstiger Spezialeinrichtungen/Unterteilungen.

Diese lange Zeit gängige Unterscheidung findet zunehmend nicht mehr allgemeine Zustimmung, zumal die Trennlinie unscharf ist. Häufig wird heute von Einführung in die BWL oder Grundlagen der BWL etc. gesprochen, wenn ein allgemeiner, umfassender Überblick geboten werden soll.

In der weiteren Vertiefung des betriebswirtschaftlichen Studiums werden sowohl Spezialthemen zu den einzelnen Branchen behandelt als auch eine Vertiefung einzelner Funktionsbereiche (z.B. Controlling, Finanzierung, Kostenrechnung, Produktion, Marketing, Personalwesen etc.), die im Rahmen der allgemeinen Darstellung eher in ihren Grundzügen aufgezeigt sind.

| Frage 2-D-06 | **Inwieweit ist BWL eine theoretische Wissenschaft?** |

Modelle der BWL

Die Gewinnung wissenschaftlicher Erkenntnisse erfolgt zumeist in zwei Schritten:
1. Bildung von Hypothesen, d.h. Aussagen über die Wirklichkeit und
2. Überprüfung der Hypothesen

Im erfahrungswissenschaftlichen Sinne ist die Hypothese eine Vermutung über strukturelle Eigenschaften der Realität. Die Struktur, der Zusammenhang wird häufig in einer Wenn-Dann-Aussage formuliert. Unterschieden wird in:
- Prämisse, allgemeine Voraussetzung, Annahme, speziell Vordersatz eines logischen Schlusses;
- Theorem, eine abgeleitete Aussage.

Die Verifikation gibt Auskunft darüber, inwieweit dieser Lehrsatz eine wirklichkeitsrelevante Schlussfolgerung darstellt. In den Sozialwissenschaften erfolgt die Absicherung häufig durch empirische Überprüfungen.

Wissenschaftliche Schlussfolgerungen können auf zweierlei Art gezogen werden:
- Induktion, vom Einzelnen, dem Besonderen, wird auf etwas Allgemeines, Gesetzmäßiges geschlossen.
- Deduktion, aus dem Allgemeinen wird die Aussage über das weniger Allgemeine abgeleitet.

Beide Methoden finden in der wirtschaftstheoretischen Forschung Anwendung.

In fast allen Wissenschaftsgebieten spielt das Bilden von Modellen eine besondere Rolle, um abstrahiert vom speziellen Einzelfall zu allgemeinen Schlussfolgerungen zu gelangen. Dabei wird unterschieden in Beschreibungs-, Erklärungs- und Entscheidungsmodelle.

Beschreibungsmodelle
In ihnen soll der Betrachtungsgegenstand übersichtlich dargestellt und beschrieben (Deskription) werden. Sie können durch **induktive Deskription** geschaffen werden, indem die Realität beobachtet, beschrieben und systematisiert wird. Ein anderer Weg ist die **deduktive Deskription**, indem Modelle durch gedanklich-logisches Vorgehen geschaffen werden. Da häufig in der unternehmerischen Realität Experimente (im naturwissenschaftlichen Sinne) kaum möglich sind, ist die BWL häufig auf deduktive Methoden angewiesen.

Eine weitere Differenzierung ist in Erfassungs- und Ermittlungs-Modellen zu finden, von letzteren wird gesprochen, wenn nicht nur Informationen verdichtet, sondern durch entsprechende Rechenvorgänge oder Auswertungen zusätzliche Erkenntnisse gewonnen werden.

Aus dem betrieblichen Rechnungswesen kann beispielsweise ein entsprechendes Beschreibungsmodell des betrieblichen Geschehens abgeleitet werden.

Erklärungsmodelle
Sie basieren auf der Annahme entsprechender Regeln über Ursache und Wirkung, nach denen sich Sachverhalte interpretieren lassen. Ist ein bestimmter Sachverhalt gegeben, werden die Elemente und die Struktur des Zusammenwirkens gesucht, um daraus Aussagen abzuleiten, ein Erklärungsmodell zu entwickeln.

Entscheidungsmodelle
Hier geht es darum, die durch die Erklärungsmodelle gefundenen Erkenntnisse und Regeln als Hilfestellung für das konkrete Handeln, insbesondere die Auswahl zwischen Handlungsalternativen, einzusetzen. Im Wege einer **Prognose** wird auf einen künftigen Sachverhalt geschlossen.

Dies setzt jedoch voraus, dass die einzelnen Wirkzusammenhänge eindeutig bestimmbar sind und keine zusätzlichen Einflüsse wirksam werden.

Modelle sind Abbilder, Beschreibungen der Realität und nicht die Wirklichkeit selbst. Ein Problem für die Modellbildung stellt der Grad der Abstraktion dar: Erfolgt eine Reduktion auf die wesentlichen, typischen Merkmale, so ist zwar häufig ihr Zusammenwirken bestimmbar und Schlussfolgerungen sind leichter zu ziehen. Demgegenüber beschreibt dieses Modell jedoch nicht die ganze Wirklichkeit, sodass möglicherweise bedeutsame Einflüsse außen vor bleiben.

Wird andererseits versucht, das Modell vollkommen zu beschreiben, so ergibt sich ein Netz von Abhängigkeiten, das eindeutige Schlussfolgerungen im Sinne von Ursache-Wirkung nicht mehr zulässt oder aber zumindest das Ableiten und die Handhabbarkeit deutlich erschwert.

Häufig müssen Reduktionen in Kauf genommen werden, um zu übersichtlichen Modellen und eindeutigen Schlussfolgerungen zu gelangen. Die Landkarte ist nicht die Wirklichkeit, dennoch ist sie hilfreich zur Orientierung. Jedoch dürfen Modelle nicht überinterpretiert werden: Über die Wirkungsweise von Elementen, die nicht ins Modell eingehen, können keine unmittelbaren Aussagen abgeleitet werden.

Was heißt BWL als Management-Lehre? | Frage 2-D-07
In welchem Sinne ist sie eine anwendende und eine angewandte Lehre?

Management-Lehre

Im Betrieb ist zum einen wirtschaftliches Handeln gefragt. Zum anderen sind es lebendige Menschen – kein rein rational agierender Homo Ökonomikus – die Ent-

Management-Lehre/Soziotechnisches System

scheidungen treffen und Verhalten prägen. Insoweit wird man dem betrieblichen Alltag, der Realität, nur gerecht, wenn auch diese Einflüsse einbezogen werden (z.B. die Gesamtpersönlichkeit der im Unternehmen Tätigen). Durch persönliche Sympathie oder Abneigung getragene soziale Beziehungen oder die Verbundenheit zu Menschen, Gruppen und Institutionen außerhalb des Betriebes spielen eine Rolle. In dieser Sicht wird auch von einem **sozio-technischen System** gesprochen; da außerdem Einwirkungen von außen auftreten, die nicht durch die Strukturen im Betrieb erklärt werden können, handelt es sich zugleich um ein **offenes System**.

Erklärungs- und Entscheidungsmodelle stoßen bei diesen vielfältigen Elementen und Strukturen an ihre Grenzen, in noch zu handhabender Weise Aussagen über die Wirkungszusammenhänge zu treffen und Regeln aufzustellen. Für das Entwickeln und Beurteilen von Lehrsätzen gilt:

- Je genereller Aussagen unter Abstraktion der Details konkreter Einzelfälle getroffen werden, umso eindeutiger können sie Ursache-Wirkung-Zusammenhänge und daraus abgeleitete Gesetzmäßigkeiten aufzeigen; bei der Anwendung im speziellen Einzelfall gilt jedoch die Einschränkung, dass eine Reihe (möglicherweise entscheidender) Aspekte nicht einbezogen wurden.
- Je spezieller und detaillierter konkrete Handlungshinweisen formuliert werden, die auch vielfältigen, zum Teil äußeren und nicht genau determinierbaren Einflussfaktoren Rechnung tragen, umso praxisnäher können sie Empfehlungen in einer bestimmten Situation geben; sie erheben dann aber nicht den Anspruch auf Allgemeingültigkeit, auch bei anderen Rahmenbedingungen, und genügen oftmals nicht der wissenschaftlich zu fordernden Eindeutigkeit.

Beide Ansätze haben ihre Berechtigung. In der Theorie überwiegt die Abstraktion, um eindeutige Zusammenhänge aufzuzeigen. Für die Praxis ist die Berücksichtigung der konkreten Vielfalt relevant, selbst, wenn dann eher Erfahrungen im Vordergrund stehen als logisch-zuverlässige Folgerungen. Die **BWL als Management-Lehre** will der Unternehmensführung konkrete Hilfestellung bieten und die Tendenz, die BWL vorrangig als Führungs- und Managementlehre zu sehen, hat deutlich zugenommen. Dieser Ansatz prägt gerade auch im angelsächsischen Raum schon länger eine eher pragmatische Sichtweise.

Kritiker vermerken, dass bei einer solchen mehrdimensionalen Sicht nicht nur eine Nutzung von Erkenntnissen anderer Wissensgebiete erfolgt, sondern sie zur interdisziplinären Integration führt, das Erkenntnisobjekt nicht mehr trennscharf zugeordnet werden kann. Das wiederum führt zu einer Lehre, die nicht mehr zwingend und allein einer Wissenschaft zugeordnet werden kann. Auf weitere Überlegungen soll hier nicht eingegangen werden. Die BWL, wie sie heute zumeist gelehrt wird, berücksichtigt beide Aspekte. Um die jeweiligen Aussagen richtig zu interpretieren, ist es sinnvoll, sich bewusst zu werden, welcher Gesichtspunkt gerade dominiert.

In dem Sinne, wie die BWL Erkenntnisse anderer Wissenschaftsgebiete berücksichtigt (siehe auch Frage 2-D-02), ist sie eine **anwendende** Lehre. In dem Maße, wie ihre Erkenntnisse für die Bewältigung des betrieblichen Alltags verwendet werden, ist sie eine **angewandte** (Management-) Lehre.

3 Bereiche im Leistungsprozess

Welche Bereiche werden beim Leistungsprozess behandelt? Inwieweit hängen sie als Prozess zusammen?

Frage 3-A-01

Prozesskette

Entsprechend dem Leistungsstrom wird in die Bereiche Beschaffung, Produktion (Leistungserstellung) und Absatz, Marketing (Leistungsverwertung) unterschieden. Als zusätzliche Bereiche werden im Anschluss kurz behandelt:
- Logistik, die die Funktion sowohl innerhalb der vorgenannten Hauptbereiche als auch zwischen ihnen unterstützt,
- Forschung und Entwicklung, die für eine Reihe von Unternehmungen so bedeutsam sind, dass sie zunehmend auch organisatorisch verselbstständigt werden, also nicht lediglich einem anderen Bereich zugeordnet sind.

Die Bereiche stehen nicht isoliert nebeneinander. Denn der güterwirtschaftliche Prozess vollzieht sich von der Beschaffung über die Produktion bis hin zum Absatz (vgl. 1-D-05). Diese physische Abfolge muss nicht den Abhängigkeiten bei der betrieblichen Planung und Entscheidung entsprechen. In einer an Kunden orientierten Marktwirtschaft gehen wesentliche Impulse vom Absatz- und Marketingbereich aus. Die hier veranschlagten Absatzmengen stellen Vorgaben für das Produktionsprogramm dar. Sie sind zu korrigieren, wenn das Leistungsvermögen der Produktion (zumindest für die Planungsperiode) nicht ausreicht und die Produkte auch nicht durch Zukauf (Beschaffung) bereitgestellt werden können.

Ebenso legt das Produktionsprogramm die Anforderungen an die Beschaffung fest. Andererseits können auch hier Engpässe auf dem Beschaffungsmarkt zu Korrekturen führen. Ggf. können sich aus den Möglichkeiten auf der Beschaffungsseite auch Anregungen für den Absatz ergeben. Die Funktionen in einem Bereich sollen also ebenfalls die Aufgabenerfüllung in den anderen unterstützen. Zugleich ergeben sich Abhängigkeiten bei Engpässen auch zu den übrigen Bereichen. Der Interdependenz wird dadurch Rechnung getragen, dass zunehmend nicht allein die optimale Gestaltung innerhalb eines Bereiches gesehen wird, sondern die Optimierung des gesamten Prozesses im Vordergrund steht.

Was ist Gegenstand der Materialwirtschaft? Wie kann sie zu anderen Teilen der Beschaffung abgegrenzt werden?

Frage 3-D-01

Materialwirtschaft, Roh-, Hilfs- und Betriebsstoffe

Gegenstand der Materialwirtschaft, z.B. im Produktionsunternehmen, sind:
- **Rohstoffe**, die als wesentliche Bestandteile unmittelbar in die Fertigungserzeugnisse eingehen,
- **Hilfsstoffe**, die zwar auch ein Bestandteil des Fertigerzeugnisses werden, aber wert- und mengenmäßig eine weit geringere Bedeutung haben,
- **Betriebsstoffe**, die nicht in das Fertigerzeugnis eingehen, sondern verbraucht werden,
- **Zukaufteile**, die von Dritten bezogen werden und unmittelbar in das Fertigerzeugnis eingehen (also vergleichbar den Rohstoffen), aber bei einer arbeitsteiligen Produktion an Bedeutung zunehmen und daher als höherwertige Güter (höherer Veredlungsgrad) zunehmend gesondert ausgewiesen werden.

Roh-, Hilfs- und Betriebsstoffe werden als Werkstoffe bezeichnet. Unter Handelsware versteht man die Güter, die eingekauft und ohne weitere Be- und Verarbeitung wieder vertrieben werden. Dies ist typisch für Handelsbetriebe. Es kann jedoch auch in Produktionsunternehmen vorkommen, z.B. zur Abrundung des eigenen Sortiments.

Die Beschaffung der vorgenannten Güter zählt zur Materialwirtschaft, die hier behandelt wird. Organisatorisch ist sie zumeist dem Einkauf zugeordnet.

Die Beschaffung der anderen Produktionsfaktoren, die für den betrieblichen Leistungsprozess erforderlich sind, werden organisatorisch zumeist anderen Bereichen zugeordnet – wie bereits im 1. Kapitel erwähnt. Für die menschliche Arbeit ist dies das Personalwesen (siehe 6. Kapitel). Die Betriebsmittel (nicht zu verwechseln mit den vorgenannten Betriebsstoffen, die verbraucht werden), werden als Investitionen, als Gebrauchsgüter, im Zusammenhang mit Finanzierung im 4. Kapitel behandelt.

Frage 3-D-02 — **Welches sind die wesentlichen Aufgaben und Ziele der Materialwirtschaft?**

Materialwirtschaft

Störungen in der Funktionsfähigkeit der Materialbeschaffung haben erheblichen Einfluss auf die Leistungsfähigkeit anderer Bereiche und damit der Gesamtleistung. Primär ist die Materialwirtschaft dafür zuständig, die im Betrieb benötigten Güter zur Verfügung zu stellen

- zur rechten Zeit,
- in ausreichender Menge und
- in richtiger Qualität.

Bei der Erfüllung dieser Funktionen sind die Prinzipien der Wirtschaftlichkeit zu beachten. Dies bezieht sich sowohl auf die Einkaufspreise, die Zusatzkonditionen, die Kosten der Beschaffung etc. sowie der Bevorratung. Hierbei sind zur Vermeidung von Störungen auch Sicherheitsaspekte zu beachten.

Unwirtschaftliche Durchführung im Einkauf beeinträchtigt den Unternehmenserfolg. Je härter der Wettbewerb im Absatzbereich, umso mehr entscheidet ein erfolgreicher Einkauf über die Gewinnmarge: »Was im Einkauf gespart wird, muss nicht zusätzlich verdient werden«. Insoweit wird der Materialwirtschaft als selbstständigem Teilbereich zunehmend Interesse entgegengebracht, sowohl in der Unternehmenspraxis als auch in der Betriebswirtschaftslehre.

Einige Autoren, insbesondere jene, die auf Gutenberg und Wöhe zurückgehen, behandeln die Beschaffung als einen Teil der Produktion, also der Leistungserstellung. Hierbei wird im Vordergrund gesehen, dass es sich aus dem Produktionsprozess ergibt, welche Güter einzukaufen und bereitzustellen sind. Gelegentlich wird auch der Einkauf als »Absatz mit umgekehrten Vorzeichen« bezeichnet. Diese Sicht betont die Marktbezogenheit beider Bereiche. Sie wird jedoch der Bedeutung und der zusätzlich im Einkauf zu beachtenden Aspekte nicht gerecht.

Die wesentlichen Ziele lassen sich auf drei Ebenen beschreiben:

1. Operative Ebene
   – Sicherung der Materialbereitstellung im Unternehmen nach Art, Güte und Beschaffenheit zur rechten Zeit am rechten Ort,
   – Flexibilität bei Lieferverzögerungen und/oder Sonderanforderungen seitens des Betriebes.

2. Dispositives Vorgehen
   - Sicherung der operativen Maßnahmen,
   - Kostenwirtschaftlichkeit, bezogen auf die Materialkosten einschließlich Nebenkosten und Finanzierungskosten der Materialvorhaltung,
   - Beachtung der Kapitalbindung und Liquiditätsbeanspruchung
3. Strategische Blickrichtung
   - Sicherung der Basis für die Erfüllung der dispositiven und operativen Aufgaben
   - Analyse des Beschaffungsmarktes, um rechtzeitig Impulse zu geben für Unternehmensstrategie und Planung in anderen Bereichen.

In welche zwei Grundformen der Bedarfsermittlung wird unterschieden? Worin bestehen Funktionen der Vorratswirtschaft?

Frage 3-D-03

Bedarfsermittlung, Bestellmenge, Vorratswirtschaft

Die **Bedarfsermittlung** kann erfolgen:
- Auftragsorientiert; Materialien werden erst beschafft, wenn für die Fertigung ein entsprechender Auftrag vorliegt, oder
- verbrauchsorientiert; Basis ist eine Lager- und Vorratsfertigung, unabhängig von bereits vorliegenden Aufträgen; Grundlage der Bedarfsermittlung sind dabei Prognosen, Absatzplanung und statistische Auswertungen der Vergangenheit.

Die Beschaffung ist also eng verzahnt mit den Planungen und Vorgaben aus Produktion und Absatz.

Die **Vorratswirtschaft** dient als Puffer zwischen Materialbeschaffung und Materialverwendung. Sie ist einerseits mit zusätzlichen Kosten verbunden; andererseits führt sie auch zu einer Reihe von Vorteilen.

Zu den Kostenfaktoren zählen insbesondere:
- Zusätzliche Handlungsabläufe und Vorkehrungen, z.B. Einlagerung und Lagerverwaltung, Materialpflege und -entnahme,
- Investitionen in geeignete Räume und Lagereinrichtungen, die ihrerseits wieder Abschreibung, Wartung etc. hervorrufen,
- durch Lagerhaltung und Investitionen werden finanzielle Mittel gebunden, dies beeinträchtigt sowohl die Liquidität und führt zugleich zu entsprechenden Finanzierungskosten (Zinsen),
- Risiken durch Schwund und Beschädigung sowie
- technische oder modische Veralterung der Ware.

Nutzen einer Lagerhaltung ergeben sich vor allem durch:
- Risikovorsorge, z.B. gegen Störung und Verzögerungen auf der Lieferantenseite oder Unsicherheiten in der Planung,
- günstigere Preise durch größere Absatzmengen in einer Partie,
- relativ niedrigere Nebenkosten z.B. der Transporte anteilig pro Stück,
- Einkauf in Zeiten günstigerer Marktpreise etc.
- geringerer Verwaltungsaufwand je Bestellung und Ähnliches.

Eine wesentliche Aufgabe der Vorratswirtschaft liegt darin, ein Optimum zwischen Kosten und Nutzen herbeizuführen. Hierzu zählt einerseits, sinnvolle Bestandsmengen zu bestimmen und dabei im engen Zusammenhang die **optimale Bestellmenge**. Dies wird unterstützt durch eine Bestandsrechnung. Abb. 3.1 zeigt den Zusammenhang der wesentlichen Werte.

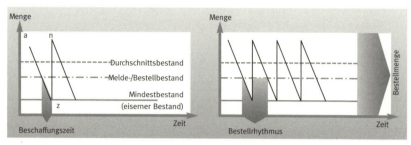

Abb. 3.1a): Lagerbestand   *Abb. 3.1b): Lagerbestand bei geringeren Zugangsmengen*

- Mindestbestand, er stellt die zur Risikovorsorge geplante Reservemenge dar, um auch bei unvorhergesehenem Verbrauch oder Verzögerung in der Belieferung einen reibungslosen Ablauf der Betriebsprozesse zu gewährleisten. Bei normalem Geschäftsbetrieb sollte dieser Mindestbestand nicht unterschritten werden, sodass er auch als »Eiserner Bestand« verstanden wird.
- Beschaffungszeit, dies ist die Zeitspanne zwischen Auslösung einer Bestellung bis zur Verfügbarkeit der Ware, und wird beeinflusst durch die Zeit zur Bearbeitung der Bestellung, die Lieferzeit des Lieferanten, die Transportzeiten sowie die innerbetrieblich benötigten Zeiten für Warenannahme, Eingangskontrolle, Qualitätsprüfung etc.
- Melde-/Bestellbestand, dies ist der Bestand, zu dem eine Bestellung veranlasst werden muss, um unter Berücksichtigung der Beschaffungszeit bis zum Eintreffen der Ware den Mindestbestand nicht zu unterschreiten.
- Durchschnittsbestand, er liegt zwischen der nach Wareneingang sich ergebenden höheren Lagermenge und dem Meldebestand.
- Bestellrhythmus, er hängt zusammen mit der Folge der Bestellungen; je häufiger eine Bestellung, desto geringer die durchschnittliche Lagerhaltung, jedoch umso höher die Aufwendungen, die mit einer Bestellung verbunden sind. Er steht im engen Zusammenhang mit der optimalen Bestellmenge.

Frage 3-D-04

A-B-C-Analyse
X-Y-Z-Analyse
Lieferantenanalyse

Was wird unter A-B-C-Analyse und X-Y-Z-Analyse verstanden? Was sind Aspekte der Lieferantenanalyse?

Der Aufwand für die Optimierung der Vorratswirtschaft sollte nicht größer sein als der daraus resultierende Nutzen. Eine **Sortiments- und Artikelanalyse** zeigt, welche Artikel besondere Beachtung verdienen. Hierzu gehören:
- A-B-C-Analyse: Wie die Abb. 3.2 zeigt, wird ein Großteil des Umsatzes mit wenigen Artikeln erzielt, im Beispiel tragen A-Artikel mit 10% zu 70% zum Umsatz bei, 20% sind B-Artikel mit 25% Umsatzanteil und die restlichen 70% C-Artikel bringen nur 5% Umsatzanteil. Eine vergleichbare Relation, beispielsweise 20 zu 80, ergibt sich bei einer Reihe vielfältiger Untersuchungen, sodass die A-B-C-Analyse auch über den Materialbereich hinaus eine breite Anwendung innerhalb der BWL findet.

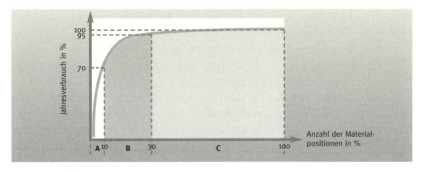

Abb. 3.2: A-B-C-Analyse

- X-Y-Z-Analyse: In Abb.3.3 sind drei typische Kurvenverläufe dargestellt. Sie zeigen auf, ob die Verbrauchsmengen relativ kontinuierlich anfallen, in etwas größeren Ausschlägen oder einem Saisonverlauf oder ähnlichen Zyklen folgen. Ihre Kenntnis unterstützt somit die Prognosemöglichkeit.

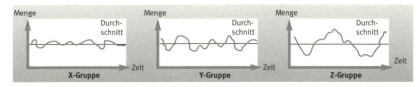

Abb. 3.3: X-Y-Z-Analyse

Lieferantenanalyse; sie liefert dem Einkäufer Informationen zur Beurteilung seines Partners, des Lieferanten, z.B. zu: Zuverlässigkeit in Lieferzeit, Mengengenauigkeit und Qualität, Größe und allgemeines Leistungsvermögen, den Anforderungen des Unternehmens zu entsprechen, Marktstellung, Flexibilität, Preisgestaltung einschließlich Nebenkonditionen etc. Sie ist Basis für die Entwicklung einer Lieferantenstruktur. In ihr wird z.B. festgelegt, ob man sich auf möglichst wenige Lieferanten konzentriert oder nicht, ob der gleiche Artikel bei einem oder bei mehreren Lieferanten bezogen wird, in welchem Maß ausländische Lieferanten Berücksichtigung finden, auf welche Lieferanten alternativ zurückgegriffen werden kann, etc.

Die Zusammenarbeit mit vielen Lieferanten bietet häufig die Möglichkeit, jeweils für eine Bestellung die günstigsten Preis- und Konditionsangebote einzuholen und Abhängigkeiten von einem Lieferanten zu vermeiden; häufig sind dadurch jedoch der Bestellaufwand und die Bestellzeit größer.

Die Konzentration auf wenige Lieferanten steigert die partnerschaftliche Zusammenarbeit, was offenbar in letzter Zeit wieder zunehmend geschätzt wird.

Wie wird die betriebliche Leistungserstellung gegliedert? Inwieweit bestehen Zusammenhänge zu anderen Wissensgebieten?

3-D-05

Leistungserstellung

Meist wird die Leistungserstellung in immaterielle Güter (z.B. Dienste und Rechte) und materielle Güter differenziert. Die materiellen Güter können wiederum nach nicht-industriell (z.B. Landwirtschaft) und Fertigung gegliedert werden. Die Fertigung ist ihrerseits unterteilbar (z.B. in Sachgüter und Energie).

Die Leistungserstellung wird von zwei Aspekten geprägt, die zu integrieren sind:
- Technik, die, aufbauend auf Naturgesetzen mit industriell anwendbaren Vorrichtungen und Verfahren unter Einsatz entsprechender Werkstoffe, die Leistungserstellung bestimmt, sowie spezielle Wissenschaften, beispielsweise in der Chemie und Pharmaindustrie etc.,
- Betriebswirtschaft, die, basierend auf den ökonomischen Prinzipien, den Einsatz technischer Verfahren zur Leistungserstellung bewertet, auswählt und steuert.

Zunehmend sind, z. B. bei der Auswahl verwendeter Materialien oder eingesetzter Produktionsverfahren, Fragen der Umweltbelastung zu berücksichtigen. Beim Einsatz menschlicher Arbeit sind humanitäre und arbeitswissenschaftliche Erkenntnisse zu beachten, siehe auch Frage 1-D-11.

Frage 3-D-06: Welches sind die Ziele der Produktion?

Ziele der Produktion

Abgeleitet aus den Unternehmenszielen, ergeben sich drei wesentliche Ziele:
- absatzgerechte Leistungserstellung, also Erstellung von Produkten in der richtigen Art und Qualität zur rechten Zeit,
- Kostenoptimierung in der Produktion im vorgegebenen Rahmen, also Beachtung des Wirtschaftlichkeitsprinzips,
- optimale Kapitalbindung, Berücksichtigung der Liquiditätsgesichtspunkte.

Diese Ziele stehen nicht isoliert, sondern in Wechselbeziehung zueinander. Daraus können dann detailliertere Zielvorgaben abgeleitet werden, z.B.:
- Reduzierung der Durchlaufzeiten während des Produktionsprozesses,
- Kapazitätsvorhaltung bei den Betriebsmitteln,
- Optimierung der Lagerhaltung, bezogen auf Vorräte, Zwischenlager und/oder Fertigprodukte.

Frage 3-D-07: Wie kann in der Produktion auf schwankende Verkaufsmengen, z.B. bei Saisonartikeln, reagiert werden?

Losgrößen

Grundsätzlich sind drei Vorgehensweisen möglich:
1. **Kontinuierlicher Produktionsprozess**: Hier steht im Vordergrund, unabhängig von Saison- und Absatzschwankungen, Produktionskosten und Kapazitätsvorhaltung der Betriebsmittel zu optimieren. Dem stehen jedoch relativ hohe Lagerhaltung und damit verbundene Kosten und Kapitalbindungen gegenüber.
2. **Anpassung an schwankende Absatzmengen**: Dabei steht im Vordergrund, die Lagerhaltung zu minimieren. Es werden jedoch schwankende Auslastungen der Produktionsressourcen in Kauf genommen, was insgesamt dazu führt, dass höhere Produktionskapazitäten vorzuhalten sind, die für Spitzenzeiten ausreichen, während sie in auftragsschwachen Zeiten nicht ausgelastet sind und zu sog. Leerkosten führen – also insgesamt zu höheren Produktionskosten.
3. **Optimum zwischen der Anpassung der Produktionsmenge und deren Kontinuität wird gesucht**: Dies ist an Kosten und damit an Wirtschaftlichkeitsüberlegungen orientiert (siehe Abb. 3.4), wobei die optimale Lagermenge dort akzeptiert wird, wo eine zusätzliche Lagerhaltung zu höheren Kosten führen würde als eine weitere Optimierung im Produktionsprozess. Zusätzlich zu den Kostenüberlegungen können sich Begrenzungen ergeben, einerseits aus Li-

quiditätsgesichtspunkten, andererseits aus produktionstechnischen Prämissen, wenn dort unter ein gewisses Niveau nicht abgesenkt werden kann.

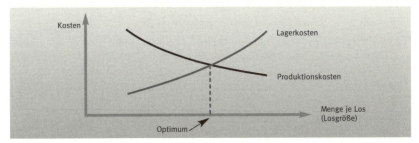

Abb. 3.4: Optimale Losgröße unter Berücksichtigung von Lagerkosten und Produktionskosten

Exemplarisch soll zugleich aufgezeigt werden, dass das wirtschaftlich sinnvollste Ergebnis für den Gesamtbetrieb nicht allein durch eine Optimierung von Teilbereichen erreicht werden kann, sondern häufig durch ein Abwägen gegenläufiger Aspekte.

Ergänzend sei noch darauf hingewiesen, dass manchmal die Abstimmung bei Saisonschwankungen zur Beschaffungsseite hin notwendig wird, z.B. bei frisch zu verarbeitenden Grunderzeugnissen wie Obst und Gemüse.

In welche zwei Aspekte können Fertigungsverfahren untergliedert werden? Wie sind beide darzustellen?

Frage 3-D-08

Fertigungsart

Je nachdem, welche Gesichtspunkte die Betrachtungsweise bestimmen, können Fertigungsverfahren unterschieden werden in:
- **Fertigungsart**, auch Organisationstyp der Fertigung genannt, hier geht es um organisatorische Gestaltungsformen des Fertigungsablaufes,
- **Fertigungsausführung**, auch als Fertigungstypen bezeichnet, die sich an der Frage orientiert, wie viele Erzeugnisse der gleichen Art gleichzeitig oder unmittelbar nacheinander im Betrieb hergestellt werden.

Fertigungsart

Je nach organisatorischer Gestaltung des Fertigungsablaufes, der räumlichen Anordnung der Betriebsmittel und der damit verbundenen, auch zeitlichen Struktur werden bestimmte typische Organisationsformen unterschieden (s. Abb. 3.5).

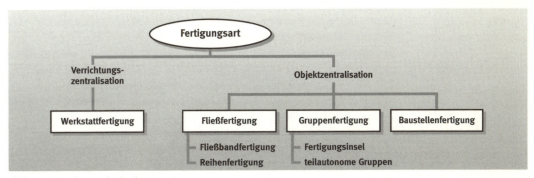

Abb. 3.5: Grundtypen der Fertigungsart

- **Werkstattfertigung**: Arbeitsplätze mit gleichartiger Arbeitsverrichtung werden zu einer »Werkstatt« zusammengefasst, beispielsweise Stanzerei, Dreherei oder Lackiererei etc. Zumeist ist damit auch eine Ausrichtung auf gleichartige Maschinen und sonstige Betriebsmittel verbunden.
- **Fließfertigung**: Maschinen und Arbeitsplätze werden räumlich nach dem Fertigungsablauf geordnet, also nach dem Weg, den das Werkstück (Objekt) in seiner Bearbeitung durchlaufen muss. Dadurch sollen die Transportwege – Zeiten und Kosten – minimiert werden. Dabei werden zwei Unterarten unterschieden:
  — *Fließbandfertigung*, bei der die Werkstücke kontinuierlich oder in einem bestimmten Takt transportiert werden, und die Taktzeit bzw. die Fördergeschwindigkeit des Fließbandes, die Arbeitszeiten bestimmt; werden an einer Stelle die Arbeitszeiten nicht eingehalten, kann es zu Störungen kommen.
  — *Reihenfertigung*, bei der auf den Zeittakt, den zeitlichen Zwangsablauf, verzichtet wird; die Flexibilität und in gewissem Rahmen Unabhängigkeit der einzelnen Stellen macht jedoch entsprechende Zwischenlager erforderlich.
- **Gruppenfertigung**: Hier wird versucht, durch eine Kombination von Werkstatt- und Fließfertigung die Vorteile beider Organisationsformen zu verbinden, indem die Betriebsmittel und Arbeitsplätze für bestimmte Tätigkeitsbereiche des Fertigungsablaufes gruppenmäßig zusammengefasst werden, im Prozess jedoch nach dem Fließprinzip angeordnet bleiben. Besondere Vorteile werden insbesondere im Hinblick auf Personalführung und Personalmotivation sowie ein verstärktes Qualitätsbewusstsein gesehen. Von *Fertigungsinseln* wird gesprochen, wenn innerhalb vorgegebener Rahmenbedingungen der Gruppe Selbstbestimmungsrechte eingeräumt werden, verbunden mit Planungs-, Entscheidungs- und Kontrollfunktionen einschließlich des Verzichts auf starre Arbeitsteilung. Bei teilautonomen Gruppen wird zusätzlich dem Gruppenprozess und der Zusammenarbeit in Gruppen entsprechende Beachtung entgegengebracht.
- **Baustellenfertigung**: Bei unbeweglichen Erzeugnissen oder bei Großobjekten ist es oft unmöglich, die Werkstücke zu den Betriebsmitteln zu befördern, z.B. Hoch-, Tief- oder Anlagenbau sowie Schiffsbau.

Fertigungsausführung
Nach den genannten mengenmäßigen Gesichtspunkten sind nachfolgende Typen zu unterscheiden:
- **Einzelfertigung**: In einem Arbeitszyklus wird nur ein Erzeugnis der gleichen Art hergestellt, z.B. eine Großmaschine. Hierdurch ist eine hohe Individualisierung in Bezug auf den einzelnen Auftrag möglich, jedoch verbunden mit relativ hohen Vorbereitungskosten.
- **Serienfertigung**: Von einer Erzeugnisart wird jeweils eine bestimmte Menge in einem Auftrag (Los) gefertigt. Je nach Anzahl der Erzeugnisse wird in Klein- und Groß-Serien unterschieden. Es können mehrere Kundenaufträge zu einem Fertigungsauftrag, einer Serie, zusammengefasst werden. Sonderformen sind:
  — *Sortenfertigung*, wenn aus einem oder mehreren Rohstoffen verschiedene Sorten eines Erzeugnisses hergestellt werden,
  — *Chargenfertigung*, falls es trotz einheitlicher Fertigungsabläufe zu Unterschieden bei den gefertigten Erzeugnissen kommt, beispielsweise beeinflusst durch den Prozess, die Ausgangsbedingung oder Rohmaterialien.

- **Massenfertigung**: Es wird über eine längere Zeit hinweg gefertigt, ohne eine bestimmte Fertigungsmenge konkret vorzugeben. Prinzipiell wird die Massenfertigung geplant, ohne dass dabei auf einzelne Kundenaufträge Bezug genommen wird (Massengüter), ggf. können aber auch einzelne Varianten kundenauftragsbezogen in den Fertigungsablauf integriert werden (z.B. bei der Automobilindustrie).

Die einzelnen Fertigungsverfahren haben unterschiedliche Auswirkungen auf die Logistik im Unternehmen und die Lagerhaltung. Bei der Auswahl sind außerdem verschiedene technische, wirtschaftliche sowie räumliche Gegebenheiten etc. zu berücksichtigen. Weitere Fragen können sich beispielsweise ergeben bezüglich der Flexibilität, des Qualitätsmanagements oder mitarbeiterbezogen wie Motivation und Arbeitszufriedenheit etc.

Welche Aspekte sind bei der Planung des Fertigungsablaufes zu beachten?   Frage 3-D-09

Fertigungsablauf

Aus der Konstruktion, den Zeichnungen und der Stückliste – auf die hier nicht näher eingegangen wird – ergeben sich die zu fertigenden Teile, Halbfabrikate und Enderzeugnisse, die durch Nummern und Bezeichnungen eindeutig zu identifizieren sein sollen. Für jede Position und Fertigungsstufe wird ein Arbeitsplan erstellt, der Antwort auf folgende Fragen zu geben hat:
- In welcher Weise (Arbeitsgänge),
- in welcher Reihenfolge (Arbeitsabläufe),
- auf welchen Maschinen (Arbeitsplätze),
- mit welchen Hilfsmitteln (Werkzeuge und Vorrichtungen) und
- mit welchem Zeitbedarf (Arbeitszeit)

ist zu fertigen? Soweit Transportwege oder Liegezeiten erforderlich werden, sind diese gleichfalls zu vermerken. Die Vorgabezeiten dienen der Terminierung, Kalkulation, Entlohnung sowie der Investitions- und Personalplanung.

In einer (oft mittel- und langfristigen) Vorausplanung sind für die Fertigung die Ressourcen bereitzustellen, die für die geplante Produktion benötigt werden.

Kurzfristig gilt es, die Fertigung aktueller Aufträge bei gegebenen Ressourcen optimal einzuplanen. Dies geschieht durch die **Arbeitsvorbereitung**, die sich auf eine Arbeitsperiode, z.B. eine Woche, bezieht. Hier wird entschieden, welche Aufträge in den Fertigungsprozess gegeben werden sollen – also, welche Erzeugnisse in welchen Mengen produziert werden. Damit wird zugleich vorausgeplant die Belegung der einzelnen Fertigungsanlagen und der Einsatz des Personals.

Bei den Aufträgen kann es sich um Kundenaufträge oder um interne Aufträge zur Lagerauffüllung handeln. Dabei ist auch die Dringlichkeit, z.B. Terminzusagen, zu berücksichtigen.

Durch einen Bereitstellungsplan ist sicherzustellen, dass die Produktionsfaktoren für einen Auftrag zur Verfügung stehen:
- in der richtigen Menge
- in der richtigen Art und Qualität
- zur richtigen Zeit und
- am richtigen Ort.

BEREICHE IM LEISTUNGSPROZESS

Begrenzungen können sich ergeben, wenn nicht alle Produktionsfaktoren in ausreichendem Maße zur Verfügung stehen. Dann sind Prioritäten bei den Aufträgen zu vergeben. Hierbei ist jedoch zugleich anzustreben, eine solche Kombination von Aufträgen, bei der für die verschiedenen Betriebsmittel einerseits die Kapazitätsbegrenzungen berücksichtigt sind und andererseits ein insgesamt möglichst hoher Auslastungsgrad erreicht wird. Entsprechendes gilt auch bezüglich der Personalplanung.

Wie 3.6 verdeutlicht, ist die Belegzeit für Betriebsmittel größer als die Bearbeitungszeit (Arbeitszeit je Stück mal Losgröße, Menge), da noch Rüstzeiten hinzukommen. Diese werden benötigt, um Maschinen für entsprechende Arbeitsvorgänge vorzubereiten, beispielsweise Wechsel der Werkzeuge etc., und sind weit gehend unabhängig von der Losgröße und möglicherweise abhängig von der Art der vorausgegangenen Arbeit, weshalb auch die Reihenfolge zu beachten ist. Kleinere und häufiger wechselnde Lose ermöglichen, dass mehr verschiedene Arbeitsgänge und Produkte in der Periode gefertigt werden können. Andererseits erhöhen sich hierdurch die Rüstzeiten, sodass es zu einer Verringerung der echten Produktionszeit, der Bearbeitungszeiten, kommt. Auch hier gilt es wiederum, einen sinnvollen Ausgleich zu finden.

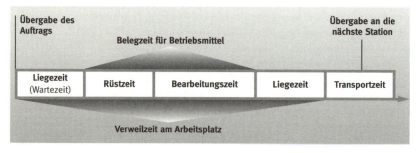

Abb. 3.6: Belegungszeit

Frage 3-D-10 **Wie unterscheiden sich Verkäufer- und Käufermarkt? Wovon wird die Nachfrage beeinflusst?**

Verkäufer-/Käufermarkt, Nachfrage

Verkäufermarkt heißt, dass von einem Produkt mehr nachgefragt als angeboten wird. Engpass bzw. Begrenzung des möglichen Umsatzes ist weniger die Kundennachfrage als vielmehr das Leistungsverögen des Unternehmens im Bereich Produktion und/oder eventuelle Engpässe bei der Beschaffung. In Extremfällen reduziert sich der Absatz auf die Verteilungsfunktion.

Käufermarkt bezeichnet die Situation, in der das Produktangebot die Nachfrage übersteigt. Hier könnte das Unternehmen aus seinen internen Leistungspotenzialen heraus mehr absetzen, wenn es der Markt, der nunmehr den Engpass bildet, zuließe. Somit wird der Markt zum entscheidenden Faktor für den Unternehmenserfolg. Dies ist seit längerem die zumeist vorherrschende Situation.

Nachfrage entsteht aus Bedürfnis gepaart mit Kaufkraft. Ein Bedürfnis ist das Empfinden eines Mangels – der Nutzen, die möglichst weit gehende Erfüllung des Wunsches nach Bedürfnisbefriedigung. Je stärker der Wunsch, das Bedürfnis, und je größer der Erfüllungsgrad der gebotenen Leistung, umso stärker der Antrieb, das Gut zu erwerben.

Das Nachfragevolumen, das für ein Produkt zur Verfügung steht, hängt wesentlich ab von:
- dem gesamt verfügbaren Einkommen der Nachfrager (Nachfrageelastizität),
- dem Preis des Produkts/der Leistung (Preiselastizität), was zumeist bedeutet, dass bei steigenden Preisen die nachgefragte Menge abnimmt – jedoch ist der Grad der Elastizität bei den Gütern unterschiedlich, und außerdem gibt es besondere Grenz- und Ausnahmefälle, auf die hier nicht eingegangen wird;
- den Preisen für Alternativgüter, auf die ggf. verzichtet werden müsste (Kreuzpreiselastizität); auch hier wird verwiesen auf entsprechende Theorien der Volkswirtschaftslehre und der speziellen Literatur zur Preispolitik im Marketing.

Wie kann Marketing zu Absatz oder anderen Begriffen gesehen und abgegrenzt werden? Was heißt dies für die Bedeutung des Bereiches?

Frage 3-D-11

Marketing

Der Begriff »Marketing« kommt aus dem angelsächsischen Sprachraum und verdrängt oder überlagert zumindest zunehmend deutschsprachige Ausdrücke wie Absatz, Absatzwirtschaft, Vertrieb oder Verkauf. Dies ist nicht nur eine sprachliche Verschiebung, sondern verdeutlicht die Aufforderung, das Unternehmen vom Markt her auszurichten – eine Anforderung, die insbesondere für die Situation eines Käufermarktes gilt. Damit geht Marketing jedoch letztendlich über die reine Leistungsverwertung hinaus und wird zu einer Unternehmensphilosophie.

Daher wird vielfach weiterhin an den Begriffen Absatzwirtschaft bzw. Absatz für diesen Bereich festgehalten. Verkauf und Vertrieb werden dann eher als Teilbereiche des Absatzes aufgefasst. Dabei steht Vertrieb zumeist stärker für die technisch-logistische Seite.

Die begriffliche Diskussion kann verdeutlichen, dass der Absatz zwar als letztes Glied in der Kette des Güterstroms steht, häufig aber Ausgangspunkt für die Entwicklung von Unternehmensstrategien ist, die sich am Markt zu orientieren haben.

Was heißt absoluter und relativer Marktanteil?

Frage 3-D-12

Marktanteil
– absolut
– relativ

Der Marktanteil gibt Auskunft über die Stellung des Unternehmens am Markt. **Absoluter Marktanteil** ist der Anteil des Unternehmens am gesamten Absatzvolumen des für ihn relevanten Marktes. **Relativer Marktanteil** bezeichnet das Verhältnis des eigenen Marktanteils zu dem des stärksten Konkurrenten.

Ziel ist es, die eigene Marktstellung auszubauen und zu sichern, also aus der Sicht des Kunden eine bessere Leistung (auch in Relation zum Preis und sonstigen Konditionen) anzubieten als die Konkurrenz und es dem Kunden auch bewusst zu machen. Dies wird auch als Wettbewerbsvorteil bezeichnet. Basis hierfür ist eine möglichst weit gehende Kenntnis der Nutzenvorstellungen und Verhaltensweisen der Kunden. Die Messgrößen des Marktanteils geben Auskunft, wie gut dies gelungen ist.

Marketing ist umfassender als eine intern zu organisierende Funktion der Leistungsverwertung; es ist die zielgerichtete Beschäftigung mit dem Markt.

Frage 3-D-13

Marketing-Mix

Aus welchen Elementen besteht der Marketing-Mix als absatzpolitisches Instrumentarium?

Um die Ziele des Unternehmens auf dem Markt umzusetzen, stehen verschiedene Mittel zur Verfügung, das absatzpolitische Instrumentarium – zumeist wird heute vom Marketing-Mix gesprochen. Es umfasst nach gängiger Gliederung:
- Produktions- und Sortimentspolitik (»Product«)
- Preis- und Kontrahierungspolitik (»Price«)
- Distributionspolitik (»Placement«)
- Kommunikationspolitik (»Promotion«)

(Nach den englischen Begriffen spricht man auch von den vier P's.)

Dabei ist die optimale Kombination, der richtige Mix, zu finden – sowohl jeweils innerhalb der vier Hauptbereiche als auch in ihrer gesamten Komposition.

Produktions- und Sortimentspolitik

Hier geht es um die Bestimmung, welche Artikel/Dienstleistungen angeboten werden. Die Gesamtheit bildet das Sortiment. Unter **Sortimentsbreite** wird die Anzahl der Warengruppen im Sortiment verstanden. Die **Sortimentstiefe** ist durch die Anzahl der Warenarten, Artikel und Sorten in einer Warengruppe gekennzeichnet.

Die Produktpolitik ist sowohl für den Absatz als auch für das gesamte Unternehmen von besonderer Bedeutung. Die Sortimentspolitik kann sich an unterschiedlichen Prinzipien orientieren:
- Herkunftsorientiert: Das Angebot konzentriert sich auf ausgewählte Materialien oder Lieferanten, letztere beispielsweise in ausgeprägter Form der Exklusivvertretungen.
- Problem- bzw. bedarfsorientiert: Die Ausrichtung erfolgt an Problemen und Bedürfnissen der Kunden, z.B. »alles für's Kind«, »für den Heimwerker« etc..
- Preisorientiert: Es werden nur Artikel einer bestimmten Preisklasse geführt, beispielsweise Niedrigpreisläden, hochpreisige Waren oder Luxusgüter.
- Präsentationsspezifisch: Hier ist die Darbietungsform Entscheidungskriterium der Artikel, beispielsweise selbstbedienungsgerecht, beratungsintensiv etc.

Die Sortimentspflege hat die Aufgabe, innerhalb der vorhandenen Sortimentskonzeption – die auch eine Kombination der verschiedenen Ausrichtungen sein kann – neue Artikel hinzuzunehmen, bestehende auszutauschen oder herauszunehmen.

Zur Produktpolitik gehören auch die Produktgestaltung und die Nebenleistungen wie Kundendienst, Garantie und Ähnliches.

Preis- und Kontrahierungspolitik

Neben Produkt und Leistung wird in der Kaufvereinbarung (Kaufvertrag, Kontrakt, Kontrahierung) die Gegenleistung bestimmt, der Preis einschließlich der Nebenbedingungen und Konditionen. Der Preis bildet sich einerseits am Markt durch das Verhalten der Nachfrager und der Konkurrenz sowie durch die eigene Marktstellung. Andererseits soll der Preis so kalkuliert sein, dass die im Unternehmen anfallenden Kosten ausgeglichen und möglichst noch Gewinne, Überschüsse, erwirtschaftet werden. Selbst wenn dies nicht für jeden einzelnen Artikel gelingt, sollte die Sortimentspolitik doch so ausgerichtet sein, dass insgesamt ein entsprechender Gewinn möglich wird.

Ebenfalls zur Preispolitik gehört – teilweise als Feineinstellung bezeichnet – die Festlegung der Konditionen als zusätzliche Gestaltung:
- Preisnachlässe und Rabatte,
- Preisdifferenzierung
- Preisaufschläge
- Liefer- und Zahlungsbedingungen
- Kreditpolitik.

Distributionspolitik
Hierzu gehören alle Fragen und Entscheidungen, die den Weg des Produkts bzw. einer Leistung vom Erbringer bis zum Verbraucher/Anwender betreffen. Es wird unterschieden in:
- **Absatzwege, Absatzkanäle**: Sie können direkt, also ohne Zwischenhandel, oder indirekt gestaltet sein, wenn Wiederverkäufer, z.B. Groß- und Einzelhandelsbetriebe, eingeschaltet werden.
- **Absatzmethoden**: Sie regeln die Kundenkontakte und die Kauffunktionen, z.B. die Bedienung in eigenen Verkaufsräumen oder den Besuch über Reisende mit Art und Häufigkeit der Kundenbesuche, Versand- oder Katalogverkauf etc.
- **Absatzorganisation**: Sie setzt die Konzepte bezüglich der Absatzwege und -methoden um und muss dabei Aspekte der Kunden- und Sortimentsstruktur berücksichtigen. Insbesondere für Handelsunternehmen hat sich hierbei eine Fülle von Vertriebsformen in unterschiedlicher Ausprägung herausgebildet.
- **Physische Distribution**: Sie wird auch als Marketing-Logistik bezeichnet und regelt die Fragen der Güterzustellung etc.

Kommunikationspolitik
Hierunter werden alle Maßnahmen, mit denen die Unternehmung ihre Abnehmer über ihr Angebot informiert oder die Kaufentscheidung zu beeinflussen sucht, zusammengefasst. Dabei kann weiter untergliedert werden, z.B. in:
- Werbung
- Verkaufsförderung
- Öffentlichkeitsarbeit, Public Relation (PR).

Welches sind Ziele und Formen der Marktforschung?	Frage 3-D-14

Marktforschung

Die Aufgabe der Marktforschung ist die systematische Erfassung und Beobachtung von Zuständen, Strukturen und Vorgängen auf einem Markt. Je besser die Marktkenntnis, umso zuverlässiger die Entscheidungen. Die Qualität der Marktübersicht hängt von der Zuverlässigkeit der ermittelten Daten und deren sinnvoller Auswertung bzw. Analyse ab. Bei der Erhebung wird unterschieden in:
- **Marktanalyse**; die Marktverhältnisse werden zu einem bestimmten Zeitpunkt erforscht, sei es einmalig, fallweise oder in wiederkehrendem Rhythmus;
- **Marktbeobachtung**; dient dazu, die Veränderung der Marktverhältnisse im Zeitablauf zu erkennen;
- **Marktprognose**; sie geht über die Fortschreibung bestehender Daten hinaus und soll ein Zukunftsbild entwickeln, auch unter Berücksichtigung von Trendanalysen und Umfeldveränderungen.

Die Beschaffung der Informationen wird unterschieden in:
- **Sekundärerhebung**; es wird auf bestehende Daten zurückgegriffen, beispielsweise veröffentlichte Statistiken etc.,
- **Primärforschung**; die Daten werden speziell für einen Zweck erhoben.

Die Marktforschung kann sich auf den Gesamtmarkt beziehen oder auf Marktsegmente, die dazu dienen, den Gesamtmarkt in abgrenzbare Teilmärkte zu gliedern. Dies ermöglicht die Entwicklung einer zielgruppengenaueren Marketing-Strategie.

Zur Absatzmarktforschung gehören die Kundenanalyse und die Konkurrenzanalyse, also die Erforschung der Nachfrageseite und der Mitbewerber.

Frage 3-D-15 — Was heißt Logistik als Querschnittsfunktion?

Logistik

Zur Logistik gehören die Gestaltung und Ausführung der betrieblichen Prozesse, die sich auf Transport, Lagerung, Umschlag, Kommissionierung und Verkehrswege beziehen. Sie steuert also den Material-, Energie- und Produktfluss innerhalb eines Betriebes sowie zu den vor- und nachgelagerten Märkten.

Der Auftrag an die Logistik ergibt sich aus der Fragestellung, was wann wo in welcher Menge benötigt wird.

Es kann untergliedert werden in:
- **Interne Logistik**; sie bezieht sich auf die innerbetrieblichen Transporte und die Lagerhaltung im Betrieb und die damit verbundenen Aufgaben.
- **Externe Logistik**; hierzu gehören die außerbetrieblichen Transporte vom Lieferanten oder zum Kunden und jene zwischen verschiedenen Werken bzw. Niederlassungen etc. eines Unternehmens; sie können sowohl in Eigenregie ausgeführt werden als auch durch Beauftragung Dritter, beispielsweise Spediteure.

Außerdem wird in Beschaffungs-, Produktions- und Absatzlogistik unterschieden, die sich auf die entsprechenden Bereiche beziehen, z.B. Warenanlieferung, Annahme, Einlagerung, Transporte innerhalb des Produktionsprozesses mit eventuellen Zwischen- und Fertigwarenlägern, Auftragskommissionierung etc. und Anlieferung zu den Kunden. In der Logistik zwischen den aufgezeigten Bereichen ergeben sich Schnittstellen, die Abstimmungen erforderlich machen. Damit ergeben sich für die Logistik bereichsübergreifende Aufgabenstellungen.

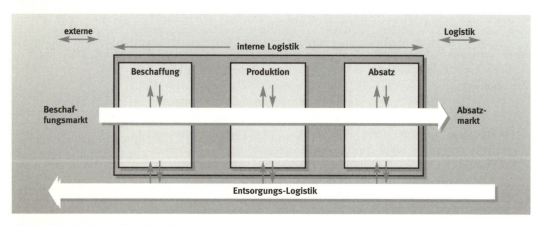

Abb. 3.7: Bereichsübergreifende Betriebslogistik

Im Interesse des Unternehmenserfolges sind nicht Einzelbereiche, sondern der Gesamtprozess zu optimieren. In diesem Sinne wird auch von einer Querschnittsfunktion gesprochen, indem über Bereichsgrenzen hinweg Aufgaben wahrgenommen und prozessorientiert gestaltet werden (Abb. 3.7).

Oftmals ist heute die Logistik im Betrieb organisatorisch als eigenständige Abteilung ausgestaltet, die dann zwar mit anderen Bereichen Abstimmungen vorzunehmen hat, jedoch die logistischen Vorgänge im Sinne einer Gesamtoptimierung steuert. Dies entspricht auch der zunehmenden Bedeutung der Logistik im Rahmen der Arbeitsteilung. Die Logistikkosten betragen in vielen Betrieben bereits zwischen 10 und 25%, auch abhängig von der jeweiligen Branche.

Ferner wächst die Bedeutung der Entsorgungslogistik, zu der sowohl die Abfallbeseitigung etc. als auch die Rücknahme von Leergut und Verpackung zählen. Es ist sinnvoll, dies bereits im Vorfeld zu berücksichtigen, im Sinne einer Optimierung der Gesamtkosten.

Wie steht »Forschung und Entwicklung« im Rahmen des Leistungsprozesses?

Frage 3-D-16

Forschung und Entwicklung

Forschung und Entwicklung sollen die Wettbewerbsfähigkeit des Unternehmens sichern.

Je schneller, komplexer und gravierender sich die Umfeldbedingungen verändern, umso größer ist die Herausforderung rechtzeitiger Neuorientierung. Innovationsfähigkeit meint die Bereitschaft und die Fähigkeit zu Veränderungen eines Betriebes in einem sich ändernden Umfeld.

Dies bezieht sich nicht nur auf die Produktgestaltung, sondern auch auf Fertigungsverfahren und betriebsinterne Arbeitsabläufe etc. Forschung und Entwicklung ist die geplante und konstruktive Suche nach neuen Erkenntnissen unter Anwendung wissenschaftlicher Methoden.

- **Forschung** ist der generelle Erwerb von Kenntnissen; üblicherweise wird in Grundlagenforschung und angewandte Forschung untergliedert, letztere ist auf unmittelbare praktische Verwertbarkeit ausgerichtet.
- **Entwicklung** bezeichnet deren erstmalige konkretisierende Anwendung; dies ist nicht absolut zu sehen, sondern individuell auf die jeweilige Aufgabenstellung im Betrieb.

Dabei können generell oder fallweise Dritte einbezogen und beauftragt werden. Insbesondere bei der Grundlagenforschung wird oftmals auf Ergebnisse anderer Institutionen und Wissensgebiete zurückgegriffen.

Früher wurde die F+E-Abteilung vielfach organisatorisch dem Produktionsbereich zugeordnet. Dabei standen bei der Entwicklung Gesichtspunkte der Produkte und der Fertigungsverfahren im Vordergrund. Mit zunehmender Notwendigkeit, die Belange z.B. des Marktes – siehe Marketing als unternehmerische Grundhaltung – zu berücksichtigen, wird F+E vielfach als eigenständiger, gesonderter Bereich organisiert.

Gewerbliche Schutzrechte können auch an andere verkauft oder die Nutzung über Lizenzen mit anderen Unternehmen geteilt bzw. von Dritten erworben werden.

4 Geldwirtschaft und Investitionen

Frage 4-A-01 Wie stehen Finanzierung und Investition im Verhältnis zum Leistungsstrom?

Investition und Finanzierung allgemein

Die eingehenden und ausgehenden Leistungen (Faktoreinsatz und Faktorertrag) sind von Gegenleistungen, Zahlungen, begleitet. Der Zahlungsstrom läuft entgegengesetzt dem Leistungsstrom – siehe hierzu Frage 1-D-05. Zum Finanzwesen zählt jedoch nicht nur die Abwicklung des damit verbundenen Zahlungsverkehrs. Soweit bereits Zahlungsverpflichtungen zu erfüllen sind, bevor aus dem Leistungsprozess Zahlungsansprüche entstehen, ist durch die **Finanzierung** für das Unternehmen die Bereitstellung benötigter Geldmittel sicherzustellen.

Investitionen haben gleichfalls einen güterwirtschaftlichen und einen finanzwirtschaftlichen Aspekt. Im Sinne von Investitionsgütern gehören sie als Betriebsmittel zu den Elementarfaktoren und sind der Beschaffung im Sinne des Leistungsstroms zuzuordnen. Sie prägen sogar in besonderer Weise die Leistungsbereitschaft eines Betriebes.

Andererseits erfordern Investitionen entsprechende Finanzierung. Da Investitionen (anders als Werkstoffe) längerfristig dem Unternehmen dienen, führen sie auch zu einer entsprechend längerfristigen Bindung von Finanzmitteln.

Insoweit ist es üblich, Investitionsrechnungen in enger Verbindung zur Finanzierung zu behandeln. Zwar ergeben sich die Anforderungen nach Investitionen in der Regel aus dem Leistungsprozess; die Investitionsentscheidung hat jedoch Finanzierungsgesichtspunkte zu berücksichtigen.

Frage 4-D-01 Welches sind Aufgaben und Ziele der Finanzierung?

Finanzierung allgemein

Aufgaben der Finanzierung, wie bei Frage 4-A-01 angeführt, sind:
- Finanzdisposition und Abwicklung des Zahlungsverkehrs,
- Kapitalbereitstellung, also eine rechtzeitige und ausreichende Versorgung des Unternehmens mit Eigen- und Fremdkapital.

Aus den Aufgaben der Finanzierung und den Unternehmenszielen leiten sich die Ziele für den Finanzbereich ab:

- **Aufrechterhaltung des finanziellen Gleichgewichts**, Sicherung der Liquidität, also der Fähigkeit eines Unternehmens, berechtigte Zahlungsanforderungen jederzeit termingerecht erfüllen zu können. Fehlende Liquidität führt zur Zahlungsunfähigkeit (Illiquidität) und bei Nachhaltigkeit zur Insolvenz und ggf. zur Auflösung des Unternehmens. Aber auch kurzfristige Zahlungsunfähigkeit (Zahlungsstörung) kann im Betriebsablauf und im Verhältnis zu Geschäftspartnern erheblich stören und die Erreichung des Unternehmenserfolges beeinträchtigen.

- **Beachtung des Wirtschaftlichkeitsprinzips** bei den einzelnen Maßnahmen und Entscheidungen. Wesentlicher Maßstab ist die Rentabilität, insbesondere die Eigenkapitalrentabilität. Sie kann durch die Kosten bei der Abwicklung des Zahlungsverkehrs sowie bei der Geldbeschaffung einschließlich der zu zahlenden Kapitalzinsen beeinflusst werden. Das Vorhalten von Liquiditätsreserven ist in der Regel mit Kosten und damit Ertragsminderungen verbun-

den, dient andererseits jedoch der Liquiditätssicherung, sodass hier eine Balance zu finden ist. Ähnliches gilt bei der Anlage eventueller zeitweiser Liquiditätsüberschüsse.
- Sicherung der finanziellen Unabhängigkeit des Unternehmens gegenüber Einwirkungsmöglichkeiten Dritter (die möglicherweise an die Kapitalhergabe Mitbestimmungsrechte knüpfen wollen), dies durch rechtzeitige Dispositionen im Rahmen der Finanzplanung.

Die einzelnen Ziele stehen, wie so oft in der BWL, nicht isoliert nebeneinander, sondern in der Führung ist jeweils immer wieder die sinnvolle Balance zu finden, insbesondere in dem Bedürfnis nach Sicherheit und dem nach Gewinnstreben.

Unter welchen zwei Gesichtspunkten kann die Gliederung nach Art der Finanzierung erfolgen? Welche Formen ergeben sich aus einer entsprechenden Matrix?

Frage 4-D-02

Eigenkapital, Fremdkapital, Kapitalbereitstellung

Für die Kapitalbereitstellung stehen dem Unternehmen eine Reihe von Finanzierungsalternativen zur Verfügung. Die Gliederung nach Art der Finanzierung erfolgt üblicherweise unter zwei Gesichtspunkten:
- Rechtsstellung des Kapitalgebers
- Mittelherkunft (von außen oder innerhalb des Unternehmens)

Abb. 4.1 zeigt in Form einer Matrix die Übersicht der Finanzierungsarten.

Rechtsstellung des Kapitals	Herkunft des Kapitals	
	bei Außenfinanzierung	bei Innenfinanzierung
Eigenfinanzierung	Beteiligungsfinanzierung	Selbstfinanzierung
Fremdfinanzierung	Kredite etc.	Rückstellungen
Neutral	–	Finanzierung aus Kapitalfreisetzung

Abb. 4.1: Übersicht der Finanzierungsarten

Daraus ergibt sich eine übliche und auch nachfolgend verwendete Gliederung in der Struktur der Finanzierung.

Eigenkapital
- Es kann von außen durch neue Eigenkapitalmittel durch Beteiligung an der Gesellschaft zur Verfügung gestellt werden; vielfach wird auch unterschieden, ob dies durch bisherige Eigentümer (Eigenfinanzierung) oder durch zusätzliche, neue erfolgt (Beteiligungsfinanzierung). Das Eigenkapital kann in verschiedener Weise eingebracht werden, z.B. als Bar- oder Sacheinlage. Mit dem Erwerb von Beteiligungen sind neben der Einbringung der übernommenen Kapitalanteile Rechte und Pflichten verbunden, auf die im 8. Kapitel im Rahmen der Rechtsformen weiter eingegangen wird.
- Die Innenfinanzierung wird als Selbstfinanzierung bezeichnet und erfolgt, wenn Gewinne – ganz oder teilweise – nicht ausgeschüttet werden, sondern im Unternehmen verbleiben (auf sie wird unter Frage 4-D-03 nochmals eingegangen).

Fremdfinanzierung
- Sie kann von außen erfolgen, indem durch Gläubiger Kredite, Fremdkapital, zur Verfügung gestellt wird (auf Untergliederungen wird bei der Frage 4-D-04 eingegangen).
- Innenfinanzierungen ergeben sich durch Rückstellungen für Verbindlichkeiten, die zwar noch ungewiss bezüglich ihrer Höhe, des Zeitpunktes der Fälligkeit und/oder des Anspruchsberechtigten, aber wirtschaftlich bereits verursacht und/oder rechtlich begründet sind. Hier ist noch kein konkreter Gläubiger benannt. Bei ihrer Bildung als Aufwand wurden sie jedoch bereits Gewinn mindernd behandelt.

Finanzierung aus Kapitalfreisetzungen
Sie sind neutral, da sie weder dem Eigen- noch dem Fremdkapital zugerechnet werden können. Sie entstehen lediglich als Innenfinanzierung und sind dadurch gekennzeichnet, dass gebundenes Kapital in disponibles Kapital umgewandelt wird, und zwar durch
- Veräußerung von Vermögensteilen oder
- Finanzierung aus Abschreibungswerten; dies setzt voraus, dass der abgeschriebene, verbrauchte Anteil des Anlagevermögens nicht mehr finanziert zu werden braucht, da er durch die Erlöse der entsprechend erstellten Leistungen ausgeglichen wurde und durch die Behandlung als Aufwand (Kosten) den Gewinn mindert und somit auch nicht den Eigentümern zusteht.

Zwischen Investitionen und dem dadurch verursachten Kapitalbedarf einerseits sowie der Finanzierung als Kapitalbereitstellung andererseits besteht ein enger Zusammenhang. Den auf der Aktivseite der Bilanz als Kapitalanlage ausgewiesenen Mittelbindungen stehen auf der Passivseite die Finanzierungsmittel als Kapitalbereitstellung gegenüber.

Zu dieser klassischen Finanzierung haben sich jedoch Alternativen entwickelt, die dem Unternehmen erforderliche Rechte einräumen, ohne dass Investitionen auf der Aktivseite in der Bilanz auszuweisen sind, sodass entsprechend auf der Passivseite auch ein Finanzierungsnachweis entfällt. Im Vergleich zur klassischen Finanzierung führt dies zu einer Bilanzverkürzung, indem nicht Eigentumsrechte erworben, sondern Nutzungsrechte gesichert werden. Auf sie soll mit einigen Beispielen ergänzend hingewiesen werden.

Typische Formen kapitalschonender Maßnahmen:
- Leasing: Hier wird ein Leasingvertrag zwischen dem Unternehmen als Leasingnehmer und einem Leasinggeber abgeschlossen, der dem Unternehmen für einen befristeten Zeitraum das entsprechende Wirtschaftsgut gegen Zahlung einer Gebühr (Leasingrate) zur Verfügung stellt.
- Factoring: Auf der Basis eines Vertrages werden von dem Factor (in der Regel spezielle Finanzierungsinstitute) Geldforderungen gekauft, beispielsweise die Forderungen eines Unternehmens (Klient oder Anschlusskunde genannt) gegenüber seinen Kunden (Debitor). Bezüglich der Offenlegung, des Delkrederes, der Haftung bei uneinbringlichen Forderungen und sonstiger Dienstleistungen werden verschiedene Formen des Factorings und der Vertragsgestaltung unterschieden.

- Franchising: Dies ist eine besondere, auf den Abschluss eines Franchise-Vertrages begründete Kooperation, bei der dem Franchisenehmer gestattet wird, unter einem für den Franchisegeber geschützten Namen am Markt aufzutreten, Waren und Dienstleistungen anzubieten sowie Serviceleistungen, Nutzungsrechte und sonstige Unterstützungen des Franchisegebers in Anspruch zu nehmen; der Franchisegeber erhebt dafür als Entgelt eine einmalige und/oder laufende Franchisegebühr. Der Vertrag geht weit über einen Lizenzvertrag hinaus. Der Finanzierungseffekt für den Franchisenehmer liegt darin, dass Rechte etc. genutzt werden können, ohne sie im eigenen Unternehmen durch Investitionen und Vorleistungen aufbauen und finanzieren zu müssen. Daneben überwiegen in aller Regel Marketing-Gesichtspunkte. Der Finanzierungsvorteil für den Franchisegeber liegt üblicherweise darin, dass eine Marktausdehnung erfolgen kann, die nicht allein vom Franchisegeber zu finanzieren ist.

In der Literatur ist die Beurteilung dieser Gestaltungsformen nicht einheitlich. Oftmals werden sie als »Sonderformen der Finanzierung« behandelt, und zwar das Factoring unter den kurzfristigen sowie Leasing und Franchising unter den langfristigen Finanzierungen – dabei wird weniger auf eine rechtliche als auf eine wirtschaftliche Betrachtungsweise abgestellt.

In der Gegenposition werden sie den Dauerschuldverhältnissen gleichgesetzt – insbesondere die Leasingrate den sonstigen Mieten – sodass sie gar nicht in die Finanzierung eingehen, sondern lediglich, wie andere laufende Zahlungen auch, in der Finanzplanung zu berücksichtigen sind. In anderen Betrachtungen können sie als Kreditsubstitute aufgefasst werden, also als eine Finanzierungsform, die eine direkte Kreditaufnahme ersetzt. Dem kommt die hier gewählte Bezeichnung »kapitalschonende Finanzierung« am nächsten, die zusätzlich noch betont, dass in aller Regel durch die Nutzung eines Wirtschaftsgutes (dessen Investitionsfinanzierung zwar vermieden bzw. geschont wird) auch ein zusätzlicher Mitteleinsatz erforderlich wird, z.B. für erhöhte Vorratshaltung oder sonstige laufende Aufwendungen sowie eventuelle Kundenforderungen etc.

Durch Wirtschaftlichkeitsrechnungen, aber auch unter Berücksichtigung sonstiger Entscheidungskriterien können die vorgenannten Alternativen mit klassischen Finanzierungsformen verglichen und beurteilt werden, worauf hier nicht weiter eingegangen wird.

Wie kann die Selbstfinanzierung gestaltet und ausgewiesen sein? | Frage 4-D-03

Die Einbehaltung ausschüttungsfähiger, aber nicht ausgeschütteter Überschüsse, Gewinne, führt zur Selbstfinanzierung. Dies kann in offener oder stiller Form geschehen.

Eine **offene Finanzierung** liegt vor, wenn die in der Bilanz und der Gewinn- und Verlustrechnung ausgewiesenen Gewinne nicht oder nur zum Teil ausgeschüttet werden. Die Nichtausschüttung kann durch Vorschriften geregelt oder freiwillig veranlasst sein:
- Gesetzliche Bestimmungen, z.B. aktienrechtliche Vorschriften, dass ein Teil des Gewinnes den Rücklagen zuzuführen ist, bis diese eine festgelegte Höhe erreicht haben.

Selbstfinanzierung, stille Reserven

- Satzungsmäßige Selbstfinanzierung auf der Grundlage entsprechender Regelungen im Gesellschaftsvertrag, nachdem bestimmte Teile des Gewinns (bis zu einer evtl. zu bestimmenden Höhe) nicht ausgeschüttet werden dürfen.
- Freiwillige Selbstfinanzierung, die zuständigen Organe der Gesellschaft (oder der Unternehmer bei Einzelunternehmungen) beschließen, ausschüttungsfähige Gewinne nicht oder nur teilweise nicht auszuschütten bzw. zu entnehmen.

Auch der Ausweis der vorgeschriebenen oder freiwilligen Selbstfinanzierung ist unterschiedlich und von der Rechtsform der Unternehmungen abhängig. Grundsätzlich bestehen wiederum zwei Möglichkeiten:
- Als eine eigene gesonderte Bilanzposition des Eigenkapitals oder
- bereits jedem einzelnen Gesellschafter zugerechnet, wiederum unterteilt entweder als Sonderposten pro Gesellschafter oder einbezogen in deren jeweilige Eigenkapitalsumme.

Die Finanzierung durch einbehaltene Gewinne wird auch als Gewinnthesaurierung bezeichnet.

Von **stillen Reserven** wird gesprochen, wenn der Ausweis nicht offen erfolgt. Dies geschieht beispielsweise, wenn in der Bilanz Vermögensteile auf der Aktivseite niedriger und/oder Verbindlichkeiten auf der Passivseite höher bewertet werden, als es ihrem tatsächlichen Wert am Bilanzstichtag entspricht. Hierdurch gelangen die entsprechenden Beträge ebenfalls nicht zur Ausschüttung, jedoch in der Weise, dass sie gar nicht erst im Gewinn ausgewiesen werden.

Frage 4-D-04   **Nach welchen Kriterien kann das Fremdkapital gegliedert werden?**

Fremdkapital/ Gliederung

Die verschiedenen Arten des Fremdkapitals lassen sich hinsichtlich mehrerer Kriterien gliedern, wodurch zugleich verschiedene Aspekte betont werden, die bei der Kreditgewährung bzw. Kreditaufnahme bedeutsam sein können. Im konkreten Einzelfall sind sie jeweils in ihrer Gesamtheit zu beurteilen.

1. Fristigkeit: Betrachtet wird die Dauer der vereinbarten Kapitalüberlassung, üblicherweise nach kurzfristiger (maximal 1 Jahr), mittelfristiger und langfristiger (über 4 Jahre, manchmal auch über 5 Jahre) Kreditgewährung.

2. Herkunft: Hier wird nach Gläubigergruppen, also den Kreditgebern, unterschieden, z.B. in Bank-, Lieferanten- oder Kundenkredite, Kredite von verbundenen oder nahe stehenden Unternehmen, von sonstigen Personen oder Unternehmen sowie der öffentlichen Hand.

3. Sicherheiten: Mit der Kreditgewährung verbindet der Gläubiger die Erwartung auf fristgerechte Rückzahlung (Tilgung) und Zahlung der vereinbarten Zinsen. Bei Unsicherheit oder mangelnder Bonität wird der Gläubiger möglicherweise Risikozuschläge in Form höherer Zinsen oder zusätzliche Informations- und/oder Kontrollrechte verlangen – bis hin zum Mitspracherecht, evtl. auch bei der Bestellung von Mitgliedern in Aufsichtsgremien oder in die Geschäftsführung des Kredit aufnehmenden Unternehmens. Alternativ oder ergänzend kann sich der Kreditgeber weitere Sicherheiten stellen lassen. Entsprechend wird unterschieden in:
- *Blankokredit*; es werden keine besonderen Sicherheiten verlangt.
- *Personalsicherheiten*; hier übernimmt eine dritte Person neben den Kapitalnehmern die Haftung für einen Kredit; besondere Formen sind dabei Bürg-

schaft (Ausfallbürgschaft oder selbstschuldnerische Bürgschaft), Garantie oder Kreditauftrag oder Schuldbeitritt.
- *Realsicherheiten*; zur Sicherheit eines Kredits werden Sachwerte zur Verfügung gestellt; zu unterscheiden ist in Rechte an beweglichen Vermögen (einfacher oder erweiterter Eigentumsvorbehalt, Sicherheitsübereignung, Sicherheitsabtretung oder Pfandrechte) oder Rechte an unbeweglichem Vermögen, Grundpfandrechte (Hypothek oder Grundschuld).

4. Repräsentation durch Urkunden: Kriterium ist hier, ob über den Kreditbetrag eine Urkunde ausgefertigt wird, die beispielsweise eine Übertragung oder die rechtliche Geltendmachung bei Zahlungsverzug erleichtert.

5. Verbindung zu Lieferungs- und Leistungsvorgängen: Typisches Beispiel ist hierfür der Lieferantenkredit, indem durch eine Lieferung von Gütern mit Zahlungsziel der Kredit entsteht. Kundenanzahlungen sind die Kreditgewährung als Vorgriff auf künftige Leistungen, durch die eine Kredittilgung erfolgt.

6. Mittelbereitstellung: Es wird unterschieden in:
- *Geldkredite*, indem z.B. als Darlehn Geldbeträge bzw. Finanzmittel zur Verfügung gestellt werden.
- *Sachkredite*, von dem u.a. bei Lieferantenkrediten gesprochen werden kann.
- *Kreditleihe*, d.h., dem Unternehmen werden weder Geld noch Sachwerte zur Verfügung gestellt, sondern Sicherheiten, die ihm die Kreditaufnahme erleichtern; hierzu zählen z.B. Akkreditive, Akzept- und Avalkredite.

7. Zweckgebundenheit: Diese liegt vor, wenn dem Unternehmen das Fremdkapital nicht zur freien Verfügung überlassen wird, sondern möglicherweise für bestimmte Investitionen und Maßnahmen oder als Zwischenfinanzierung, z.B. bei öffentlichen Krediten.

Wie unterscheiden sich Rücklagen und Rückstellungen? Wieso haben letztere einen Finanzierungseffekt?

Frage 4-D-05

Rücklagen – Rückstellungen

Rücklagen sind Teil des Eigenkapitals, die bei Kapitalgesellschaften in Form offener Rücklagen ausgewiesen werden. Ihre Bildung und auch eventuelle mögliche Auflösung hängen von gesetzlichen und/oder satzungsmäßigen (Gesellschaftsvertrag) Regelungen ab. Beispielsweise können, wie bereits bei der Selbstfinanzierung dargestellt, Gewinnanteile einbehalten und den Rücklagen zugeführt werden oder aber bei Kapitalausgabe über dem Nominalwert (über pari) werden Mehreinnahmen in eine Kapitalrücklage eingestellt.

Rückstellungen sind ihrem Charakter nach **Fremdkapital** – siehe auch bei Frage 4-D 02. Eine ungewisse Verbindlichkeit ist bereits wirtschaftlich verursacht oder rechtlich begründet, ohne dass jedoch ihre endgültige Höhe, die Fälligkeit und/oder der Berechtigte feststehen, z.B.: Garantie-, Prozess- oder Pensionsrückstellungen – auf die Bildung weiterer Rückstellungen im Rahmen des Bilanzrechts kann hier nicht eingegangen werden.

Gerade bei Pensionsrückstellungen wird der Finanzierungseffekt besonders deutlich. Bereits mit der Bildung stehen die zurückgestellten Beträge (gegengebucht als Aufwand) nicht mehr als Gewinn und für Ausschüttungen zur Verfügung und, soweit sie steuerlich anerkannt sind, erfolgen auch keine anteiligen Steuerzahlungen. Erst später mit den Pensionsauszahlungen erfolgt ein Abfluss von

Finanzmitteln. In der Zwischenzeit können die Beträge anderweitig zur Finanzierung eingesetzt werden.

Frage 4-D-06 **Was wird unter Kapazitätserweiterungseffekt verstanden?**

Kapazitätserweiterungseffekt

Siehe hierzu auch die Finanzierung aus Abschreibungsgegenwerten als Teil der Finanzierung aus Kapitalfreisetzungen unter Frage 4-D-02.

Ausgangspunkt ist die Überlegung, dass der Abschreibungswert für Anlagen über die Verkaufspreise der hergestellten Erzeugnisse in der Regel früher vergütet ist, als er für die verschleißbedingte Erneuerung der Anlagen benötigt wird. Eine jedoch zum Teil bereits abgeschriebene Anlage ist im Rahmen des Leistungsprozesses weiterhin nutzbar, ohne dass nunmehr der volle Anschaffungswert finanziert zu werden braucht. Anders ausgedrückt: Die Verflüssigung des im Anlagevermögen gebundenen Kapitals erfolgt zeitlich früher als das Ausscheiden verbrauchter Anlagegüter aus dem Produktionsprozess; Abb. 4.2 veranschaulicht diesen Effekt. Im Durchschnitt der Lebensdauer, beispielsweise einer Maschine, muss demnach bei linearer Abschreibung nur etwa die Hälfte des Anschaffungsbetrages finanziert werden (zum Anfang voll, am Ende weniger).

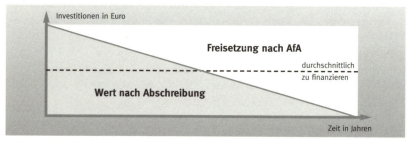

Abb. 4.2: Freisetzung aus Abschreibung

Vom **Kapazitätserweiterungseffekt** wird gesprochen, wenn die Abschreibungsgegenwerte in der jeweiligen Periode zusätzlich investiert werden. Dieser Effekt wurde insbesondere von H. Ruchti und M. Lohmann untersucht und nach ihnen benannt. Jedoch haben bereits zuvor K. Marx und F. Engels die Wirkung der verbrauchsbedingten Abschreibung als Quelle der Neuinvestitionen beschrieben.

Der Lohmann-Ruchti-Effekt bzw. Kapazitätserweiterungseffekt besagt, dass langfristig auf diese Weise mit dem Kapital, welches den vollen Anschaffungskosten einer neuen Anlage entspricht, Kapazitäten in nahezu der doppelten Höhe vorgehalten werden können.

Das Lohmann-Ruchti-Modell ist eine typische theoretische Darstellung, die von Voraussetzungen ausgeht, welche so in der Praxis kaum anzutreffen sind, nämlich:

- Die Finanzierung einer Erstausstattung ist dauerhaft, sodass keine Kapitalrückzahlungen erforderlich werden,
- es wird eine Teilbarkeit der gesamten Anlagegüter angenommen, sodass in jeder Periode eine Zusatzinvestition vorgenommen werden kann, die zu entsprechenden Kapazitätssteigerungen führt,
- es wird mit konstanten Preisen auf der Beschaffungsseite gerechnet,

- der Absatzmarkt ist jederzeit in der Lage, die zusätzlichen Kapazitäten zu gleichen Preisen abzunehmen, zumindest zu solchen, die auch den Abschreibungsgegenwert abdecken,
- ein technischer Fortschritt bleibt ausgeschlossen und
- die Abschreibungen entsprechen der tatsächlichen Abnutzung.

Werden in der Praxis nicht die einzelnen Investitionen isoliert betrachtet, sondern das gesamte Anlagevermögen, so ergibt sich bei entsprechender Staffelung der Anschaffungen, dass für die Aufrechterhaltung der Leistungsbereitschaft nur etwa 2/3 der Summe aller Anschaffungswerte dauerhaft zu finanzieren ist.

Wie hängen Kapitalbedarf und Finanzplanung zusammen?

Frage 4-D-07

Kapitelbedarf, Finanzplanung

Ein Kapitalbedarf ergibt sich aus der Vorfinanzierung von Ausgaben, bevor entsprechende Einnahmen realisiert werden können. In der Literatur werden die Einflussfaktoren unterschiedlich gegliedert; gerade für die praktische Anwendung hat sich die nachfolgende Betrachtungsweise als sinnvoll erwiesen:

- **Leistungsbereitschaft, Investition**: Hierunter ist der Kapitalbedarf zu erfassen, der sich durch Herstellung, Aufrechterhaltung und/oder Erweiterung der Leistungsbereitschaft des Unternehmens ergibt (siehe auch zu Frage 4-D-09). In aller Regel handelt es sich hierbei um langfristige Investitionen, die im Anlagevermögen auf der Aktivseite der Bilanz ausgewiesen sind. Durch die Längerfristigkeit der Mittelbindung ergeben sich entsprechende Anforderungen an die Finanzierung, an die Kapitalbereitstellung, und entsprechend an die Sorgfalt der Planung.
- **Prozessbedingter Kapitalbedarf**: Hierzu zählen die Finanzierungsanforderungen, die sich aus dem Leistungsprozess ergeben. Zunächst handelt es sich um die Mittelbindung aus der Bereitstellung notwendiger Faktoren für die Leistungserstellung, wie beispielsweise Lagerhaltung und Vorlaufkosten. Hinzu kommt die Mittelbindung während des Produktionsprozesses; hiermit wird deutlich, dass Prozessanordnung, Prozessgeschwindigkeit und Dispositionsverhalten (einschließlich Logistik und Lagerhaltung) den Kapitalbedarf beeinflussen. Weitere Anforderungen können sich aus dem Absatz im weitesten Sinne ergeben, beispielsweise Vorhaltung eines Fertigwarenlagers, Finanzierung von Kundenforderungen etc.
Die Anforderungen leiten sich aus den laufenden Betriebsausgaben ab. Die Veränderungen wirken sich in der Erhöhung oder Minderung des Umlaufvermögens aus. Die Gestaltung des güterwirtschaftlichen Prozesses beeinflusst also wesentlich die Höhe der Finanzierungsanforderungen.
- **Kapitaldienst**: Er ergibt sich bei Krediten aus Zinsen und Tilgung. Für die Bereitstellung des Eigenkapitals entstehen Finanzierungsanforderungen durch die Gewinnausschüttung einschließlich der auf den Gewinn entfallenden und vom Unternehmen zu zahlenden Steuern. Hinzu kommen Entnahmen sowie eventuelle Kapitalrückzahlungen, z.B. bei Ausscheiden eines Gesellschafters.

Durch die Transparenz des Kapitalbedarfs ist sicherzustellen, dass die Finanzierung für die gesamte Nutzungsdauer der Investition bzw. Durchführung einer Maßnahme gewährleistet ist.

Beispiel:
Soll eine Maschine mit einer Nutzungsdauer von 10 Jahren angeschafft und zunächst über einen Kredit mit einer Laufzeit von 4 Jahren finanziert werden, so ist zu beachten, ob über die Abschreibungsgegenwerte und entsprechende Kapitalfreisetzungen innerhalb der ersten 4 Jahre bereits die Kredittilgung erwirtschaftet wird. Falls nicht, ist für eine Anschluss- bzw. Ergänzungsfinanzierung zu sorgen. Möglicherweise werden durch die damit geschaffene Produktionserweiterung zusätzliche Gewinne (nach Steuern) erwartet, jedoch ist dann auch sicherzustellen, dass diese Beträge im Rahmen der Selbstfinanzierung zur Verfügung stehen. Zusätzlich ist zu berücksichtigen, dass in aller Regel bei solchen Maßnahmen ebenfalls der prozessbedingte Kapitalbedarf steigt, also über die Investition hinausgehende Finanzierungsanforderungen entstehen.

Üblicherweise werden nicht einzelne Maßnahmen isoliert betrachtet, sondern insgesamt werden für das Unternehmen, bezogen auf eine Periode, der gesamte Kapitalbedarf und die zur Verfügung stehenden Finanzierungsmittel gegenübergestellt.

Finanzplanung

Die Gegenüberstellung von Kapitalbedarf zu Kapitaldeckung, verfügbare Finanzierungsmittel, erfolgt im Finanzplan. Er ist Teil der gesamten Unternehmensplanung, da – wie bereits aufgezeigt – die Maßnahmen in den verschiedenen Bereichen zugleich auch finanzielle Auswirkungen haben. Zur Optimierung bedarf es eines Ausbalancierens mit den verfügbaren Finanzierungsmöglichkeiten.

Die Planung soll frühzeitig Auswirkungen erkennbar machen, um rechtzeitig korrigierend oder ergänzend eingreifen zu können. Es gelten die allgemeinen Grundsätze der Planung:
- Vollständigkeit, alle relevanten Maßnahmen werden einbezogen,
- regelmäßige Erstellung,
- Beachtung des Wirtschaftlichkeitsprinzips,
- Prinzip der Elastizität der Planung, d.h. Schaffung und Aufzeigen von Möglichkeiten der Anpassung an sich verändernde Bedingungen während der Plandurchführung.

Hauptziel der Finanzplanung ist es, die finanziellen Auswirkungen der verschiedenen, im Unternehmen vorgesehenen, Maßnahmen transparent zu machen und im Hinblick auf ihre Finanzierbarkeit zu überprüfen. Beim ersten Planungsentwurf können sich ergeben:
- *Unterdeckung*, d.h., der Finanzierungsbedarf ist höher als die erwarteten Finanzierungsmittel, sodass die Einhaltung des finanziellen Gleichgewichts gefährdet ist. Es gilt, entweder zusätzliche Finanzierungsquellen zu erschließen und/oder vorgesehene Maßnahmen zeitlich oder in ihrer Intensität zu strecken bzw. ganz abzusetzen.
- *Überdeckung*, es stehen also mehr Finanzierungsmittel zur Verfügung als der bisher geplante Finanzierungsbedarf unter Berücksichtigung notwendiger Liquiditätsreserven. Hier kann überprüft werden, ob die freien Mittel sinnvoll, also wirtschaftlich, für zusätzliche Maßnahmen eingesetzt werden können. Bei nachhaltiger Überliquidität kann eine vorzeitige Kapitalrückführung in Betracht gezogen werden.

Da die Liquidität im Unternehmen jederzeit gewährleistet sein muss, ist auch die Finanzplanung auf verschiedene Fristen abzustellen. Eine nur kurzfristige Planung gewährleistet noch nicht, dass die jetzt eingeleiteten Maßnahmen nicht zu einem späteren Zeitpunkt zur Illiquidität führen. Andererseits können durch erwartete Erträge langfristig Vorhaben und Investitionen wirtschaftlich und auch durch die erwarteten Gewinne finanzierbar sein, ohne dass damit gesichert ist, dass nicht zwischenzeitlich Zahlungsunfähigkeit eintritt, z.B. da die Auszahlungen früher, die Einzahlungen später liegen.

Insoweit wird zumeist der Finanzplan langfristig (abhängig von der Dauer der Kapitalbindungen), mittelfristig (in der Regel 1 – 4 Jahre) sowie kurzfristig erstellt. Je angespannter die Finanzierung ist, umso kleinere Zeitperioden müssen geplant und überprüft werden. Auf Einzelheiten der Finanzplanung wird hier nicht eingegangen.

Welche Aspekte sind bei Zahlungsmitteln zu beachten?

Frage 4-D-08

Zahlungsmittel sind Mittel, die zur Erfüllung von Zahlungsverpflichtungen zur Verfügung stehen. Bei der **Zahlung** wird unterschieden in:

Zahlungsmittel

1. »**An Erfüllungs statt**«: Mit der Zahlung wird die Verpflichtung des Schuldners gegenüber dem Gläubiger erfüllt, sie erlischt also. Die Zahlung erfolgt durch:
   – Übergabe von Bargeld oder
   – Verfügung über Buchgeld, also als Sichtguthaben oder durch Kreditgewährung bereitgestellte Mittel bei Kreditinstituten, auch Giralgeld genannt.
2. »**Erfüllungshalber**«: Durch Übergabe sog. Geldersatzmittel wie Schecks oder Wechsel und deren Annahme ist die Verbindlichkeit des Schuldners gegenüber dem Gläubiger noch nicht erfüllt, sie erlischt erst, wenn der Scheck bzw. der Wechsel eingelöst wurden. Scheck und Wechsel sind Wertpapiere auf Grund der strengen Form- und Rechtsvorschriften des Scheck- bzw. Wechselgesetzes. Dabei ist der Wechsel sowohl Zahlungsmittel als auch Sicherungs- und Kreditmittel.

Auf weitere Einzelheiten der unterschiedlichen Formen beim Scheck und Wechsel sowie den Vorgehensweisen bei Nichteinlösung (Protest) wird hier nicht eingegangen.

Durch Abhebung kann Buchgeld jederzeit in Bargeld umgewandelt werden bzw. wird Bargeld durch Einzahlung zu Buchgeld (halbbare Zahlung, zu denen auch der Barscheck gehört). Eine unbare (bargeldlose) Zahlung liegt bei Abbuchung vom Konto des Zahlers und Gutschrift auf dem Konto des Empfängers vor. Dies kann durch Überweisungen, Lastschriftverfahren, Einzugsermächtigung oder Abbuchungsaufträge geschehen, aber auch durch Einlösung von Schecks oder Wechseln. Weitere Möglichkeiten des bargeldlosen Zahlungsverkehrs ergeben sich im Zusammenhang mit Kreditkarten und im zunehmenden Maße durch »Electronic Cash«-Systeme oder durch PCs und Internet-Verbindungen etc. In der betrieblichen Praxis überwiegt der bargeldlose Zahlungsverkehr, nicht zuletzt aus Kosten- und Sicherheitsgründen.

Im Außenhandel gibt es spezielle Finanzierungsformen und Zahlungsbedingungen, die hier nicht weiter behandelt werden, weil dies über eine Einführung hinausreicht und auch aus Platzgründen nicht möglich ist.

Frage 4-D-09 Investitionem – was ist darunter zu verstehen?
Wie können sie gegliedert werden?

Investition

Investitionen bestimmen einerseits die Gestaltung der Leistungsbereitschaft eines Betriebes und führen andererseits zu langfristiger Kapitalbindung. In der Literatur finden sich zwei grundsätzlich unterschiedliche **Investitionsbegriffe**:

- **Geldwirtschaftlich** (monetär); hier steht der Geldabfluss beim Zahlungsstrom im betrieblichen Wertekreislauf im Vordergrund der Betrachtung; im weitesten Sinne werden alle Kapital bindenden Ausgaben als Investitionen aufgefasst – also auch die im Rahmen der Materialwirtschaft etc.
- **Güterwirtschaftlich** (bonitär); Ausgangspunkt ist hier der Güterstrom, und Investitionen werden als Zunahme von Realvermögen angesehen; zumeist konzentriert auf das Anlagevermögen der Aktivseite der Bilanz, teilweise auch unter Einbezug von Umlaufvermögen, insbesondere dann, wenn über einen »eisernen Bestand« eine Lagerbevorratung zur Sicherheit der Leistungsbereitschaft mit längerfristiger Mittelbindung erforderlich wird.

Letzteres steht in enger Übereinstimmung zur betrieblichen Praxis, die Investitionen als zielgerichtete, üblicherweise langfristige Kapitalbindung zur Erwirtschaftung zukünftiger autonomer Erträge ansieht.

Investitionen können nach verschiedenen Gesichtspunkten gegliedert und betrachtet werden.

1. Investitionsobjekt, nach dem Gegenstand wird unterschieden in:

- Sach-/Real-Investition, hierzu gehören beispielsweise Gebäude, Maschinen, sonstige Geschäftsausstattungen, Fuhrpark etc.
- Finanzinvestitionen, darunter versteht man Aktien und sonstige Beteiligungen an anderen Unternehmen sowie sonstige langfristige Anlagen, wie z.B. in Wertpapieren etc.
- Immaterielle Investitionen, zu ihnen zählen der Erwerb von Patenten, Lizenzen und sonstigen Schutzrechten sowie Ausgaben für den Firmenwert beim Kauf eines Unternehmens.

2. Schaffung und Erhaltung der Leistungsbereitschaft als Zweck:

- Gründungsinvestition, auch Errichtungs-, Anfangs-, Erst- oder Neuinvestition benannt, dient der Schaffung einer Leistungs- und Betriebsbereitschaft.
- Erweiterungsinvestition, sie zielt auf die Vergrößerung des vorhandenen Leistungspotenzials ab.
- Ersatzinvestition, sie dient der Aufrechterhaltung der bisherigen Leistungsbereitschaft und der Einsatzfähigkeit vorhandener Anlagen, wenn sie beispielsweise durch Abnutzung, technischen Fortschritt oder aus anderen Gründen beeinträchtigt ist.
- Erhaltungsinvestitionen dienen ebenfalls der Erhaltung der Leistungsbereitschaft, z.B. durch Großreparaturen und umfangreiche Renovierungen bestehender Anlagen.
- Rationalisierungsinvestitionen, hier werden vorhandene Investitionsgüter durch neue ersetzt, die zumeist technisch verbessert sind und einen optimaleren Leistungsprozess ermöglichen.
- Umstellungsinvestitionen ermöglichen Veränderungen im Fertigungsprogramm oder -prozess.

Nicht immer sind Erhaltungsinvestitionen klar gegenüber Erweiterungsinvestitionen abzugrenzen, so können beispielsweise Rationalisierungsmaßnahmen sowohl einen Ersatz bisheriger Investitionen darstellen als auch eine Ausdehnung des Leistungsvolumens, ggf. können sie auch zu Rationalisierungen führen.

3. Bezug zu den Funktionen und Bereichen:
- Fertigungsinvestitionen,
- Forschungsinvestitionen,
- Absatzinvestitionen sowie
- weitere Untergliederungen, z.B. bezogen auf EDV- und Informationssysteme, Organisationseinrichtungen, Lagerbereiche etc.

4. Nach dem Umfang der Betrachtung, insbesondere bezüglich Investitionsentscheidung und Programme:
- Einzelinvestition, hier werden für ein einzelnes Vorhaben das Investitionsobjekt bzw. verschiedene Alternativen überprüft und miteinander verglichen.
- Investitionsprogramm, dies bezieht sich auf die Gesamtheit der Investitionen in einem Unternehmen während einer Rechnungsperiode. Basis sind die notwendigen und wünschenswerten Einzelinvestitionen als vorläufiger Investitionsbedarf, zwischen denen ggf. Bewertungen und Prioritäten festgelegt werden müssen, falls die vorgesehenen Finanzierungsmittel nicht ausreichen.

Investitionsrechnungen – wozu dienen sie?
Welches sind die klassischen Verfahrensweisen?

Frage 4-D-10

Investitionsrechnung

Investitionsrechnungen sollen eine Hilfestellung für die Beantwortung folgender Fragen bieten:
- Absolute Vorteilhaftigkeit: Überwiegt der erwartete Nutzen die erforderlichen Aufwendungen, ist die Investition wirtschaftlich?
- Relative Vorteilhaftigkeit: Welche Investitionsalternative ist die vorteilhafteste, wenn zur Durchführung einer Maßnahme unterschiedliche Möglichkeiten zur Verfügung stehen?
- Optimale Ersatzzeit: Wann ist es wirtschaftlich sinnvoll, eine bereits im Unternehmen genutzte Anlage durch eine neue zu ersetzen?
- Investitionsprogramm: Welche der vorgeplanten Investitionen sollen endgültig in ein Investitionsprogramm einer Periode übernommen werden? Dabei sind auch ggf. »Drittwirkungen« auf andere Maßnahmen zu berücksichtigen, sodass komplexere und vernetzte Entscheidungsprozesse erforderlich werden können.

Die einzelnen Methoden einer Investitionsrechnung können nach unterschiedlichen Kriterien beurteilt werden, z.B.:
- Gesamte Nutzungsdauer oder nur eine Teilperiode, z.B. das erste Jahr oder ein angenommenes Durchschnittsjahr?
- Kostenorientierte oder kapitalorientierte Verfahren? Erstere basieren auf Kosten und Erlösen bzw. Aufwendungen und Erträgen, letztere auf Einnahmen und Ausgaben im Zahlungsstrom. Dabei können beispielsweise die Ausgaben zeitlich gegenüber der Verrechnung als Kosten auseinander fallen, so dass es zu Unterschieden zwischen den Verfahren kommen kann.

- Zeitfaktor: Wird durch Auf- oder Abzinsung (Diskontierung) dem Umstand Rechnung getragen, dass die verschiedenen Auszahlungen und Einzahlungen zu unterschiedlichen Zeiten erfolgen? Eine frühere Einzahlung ist vorteilhafter als eine gleich hohe zu einem späteren Zeitpunkt, da in der Zwischenzeit Zinserträge erwirtschaftet werden können. Entsprechend gilt bei der Auszahlung ein späterer Zeitpunkt als günstiger gegenüber einem früheren.
- Vorteilsentscheidung: Sie kann entweder auf Renditebetrachtungen basieren oder als Grundlage von dem Zeitraum ausgehen, der benötigt wird, bis sich eine Investitionsausgabe amortisiert, also das eingesetzte Kapital zurückfließt.
- Isolierte Betrachtung eines Investitionsvorhabens oder umfassende Gesamtplanung?

Die letztgenannte Simultanplanung ist vornehmliches Anliegen der komplexeren Verfahren, auf die hier nicht weiter eingegangen wird.

Die traditionellen, klassischen Methoden der Investitionsrechnung beziehen sich zumeist auf die Beurteilung der absoluten und relativen Wirtschaftlichkeit von Einzelinvestitionen oder Ersatzinvestitionen. Die gebräuchlichsten Verfahren werden üblicherweise eingeteilt in statische und dynamische Verfahren.

Statische Verfahren

Hier wird der zeitliche Unterschied beim Anfall der Kosten und Leistungen bzw. Aufwand und Ertrag oder der Auszahlungen und Einzahlungen nicht berücksichtigt. Ebenfalls wird nicht die erwartete Gesamtnutzungsdauer betrachtet, sondern eine Periode, die als repräsentativ angesehen wird. Hierbei handelt es sich zumeist um auf ein Jahr bezogene Durchschnittswerte oder um die erste Nutzungsperiode, z.B. bei Entscheidungen über Ersatzinvestitionen.

Die wesentlichsten Methoden sind:
- **Kostenvergleichsrechnung**: Sie bezieht die Erlösseite nicht mit ein, was zu akzeptablen Ergebnissen führt, wenn diese für alle Alternativen gleich ist oder zumindest den gesetzten Anspruch erfüllt. Dies gilt beispielsweise bei Ersatzbeschaffungen, wenn Leistungen im Rahmen der übrigen Kapazitäten im Prozessablauf zu erbringen sind. Die Alternative mit den geringsten Kosten ist die günstigste.
- **Gewinnvergleichsrechnung**: Erweiternd werden hier die Erlöse in den Vergleich mit einbezogen, sodass sich im Gegensatz zur Kostenvergleichsrechnung auch eine absolute Wirtschaftlichkeit ermitteln lässt. Die Alternative mit dem höchsten durchschnittlichen Jahresgewinn ist auszuwählen (relative Vorteilhaftigkeit).
- **Rentabilitätsvergleichsrechnung**: Hier wird der Gewinn einer Durchschnittsoder Vergleichsperiode in Relation zum entsprechenden Kapitaleinsatz gesetzt. Maßstab für die absolute Wirtschaftlichkeit ist eine an den Finanzierungskosten zuzüglich eines eventuellen Sicherungszuschlages ermittelte und vorgegebene Rentabilität. Bei mehreren Alternativen gilt diejenige als die vorteilhafteste, die die größte Rentabilität ausweist (siehe auch 1-D-12).
- **Amortisationsrechnung**: Vorgehen, bei dem der Sicherheitsaspekt im Vordergrund steht, indem der Zeitraum ermittelt wird, in dem das durch die Investition eingesetzte Kapital durch entsprechende Einnahmen (abzüglich laufen-

der Ausgaben) zurückgeflossen ist. Eine Investition gilt als vorteilhaft, wenn diese Wiedergewinnungszeit (Amortisationszeit) entweder im Rahmen einer Vorgabe liegt oder beim Alternativvergleich kleiner ist als die der anderen Möglichkeiten. Dieses Verfahren wird auch als *Pay-Off-Methode* oder Pay-Back- bzw. Pay-Out-Periode bezeichnet und ermöglicht einen Vergleich mit den Fristen für eingesetzte Finanzierungsmittel.
- MAPI-Methode. Sie hebt auf die relative Rentabilität im Vergleich zu anderweitigen Kapitalanlagealternativen eines Unternehmens ab.

Dynamische Verfahren
In Abgrenzung zu den statischen Methoden sind sie kapitalorientiert (berücksichtigen also die verursachten Einnahmen und Ausgaben bzw. die Zahlungsreihen), betrachten eine Totalperiode (also die gesamte geplante Nutzungsdauer statt einer Teilperiode) und beachten den unterschiedlichen Zeitpunkt, zu denen die verschiedenen Ein- und Auszahlungen durch Abzinsung (Diskontierung, seltener durch Aufzinsung) anfallen. Bedeutsam ist daher, mit welchem Zinssatz der jeweilige Barwert ermittelt wird.
Zu den gebräuchlichsten Verfahren zählen:
- **Kapitalwertmethode**: Kriterium der Vorteilhaftigkeit ist hier der Kapitalwert, also die absolute Differenz aus dem Barwert der Einnahmen minus dem Barwert der Ausgaben. Bei einem Kapitalwert gleich oder größer null gilt eine Investition als wirtschaftlich; bei mehreren Alternativen ist diejenige mit dem größten Kapitalwert am vorteilhaftesten.
- **Methode des internen Zinsfußes**: Hier wird der Zinsfuß gesucht, bei dem der Kapitalwert einer Investition gleich null ist, also der Barwert der abgezinsten Einnahmereihe gleich dem der abgezinsten Ausgabereihe einschließlich der üblicherweise am Beginn anfallenden Investitionsausgabe. Ist der interne Zinsfuß höher als ein vorgegebener Kalkulationszins, der einer geforderten Mindestrentabilität entspricht, so gilt eine Investition als absolut wirtschaftlich, bei Alternativen ist die mit dem höchsten Zinsfuß am vorteilhaftesten.
- **Annuitäten-Methode**: Zunächst wird, wie bei der Kapitalwertmethode, der Barwert der Einnahmen und der der Ausgaben errechnet. Danach werden beide in gleiche Jahresbeträge (Annuitäten) für die Einnahmen und für die Ausgaben aufgeteilt, indem der entsprechende Barwert mit einem Wiedergewinnungsfaktor multipliziert wird, der sich aus der zu Grunde gelegten Nutzungsdauer und dem Kalkulationszinsfuß finanzmathematisch ergibt. Bei dieser Methode werden also die so ermittelten durchschnittlichen Jahreseinnahmen den durchschnittlichen Jahresausgaben gegenübergestellt. Basis ist deshalb nicht der Gesamterfolg einer Investition, sondern das durchschnittliche Jahresergebnis nach der Diskontierung und gleichmäßigen Verteilung. Eine Investition ist wirtschaftlich, wenn sich ein Jahresüberschuss ergibt. Unter Alternativen ist die mit dem höchsten Jahresüberschuss am vorteilhaftesten. Auf diese Weise können auch Alternativen mit unterschiedlicher Nutzungsdauer leichter verglichen werden.
- **Dynamische Amortisationsrechnung**: Sie entspricht weitgehend der statischen Amortisationsrechnung, jedoch werden hier Abzinsungen berücksichtigt, wodurch sich eine längere Wiedergewinnungszeit ergibt (da in aller Re-

gel die Ausgaben früher anfallen als die Einnahmen und insofern geringer abgezinst werden).

Im konkreten Einzelfall können die verschiedenen Methoden der Investitionsrechnung zu übereinstimmenden, aber auch zu abweichenden Ergebnissen in der Frage führen, welche Alternative als geeignetste erscheint. Dies rührt daher, dass sie unterschiedliche Schwerpunkte setzen und von unterschiedlichen Sichtweisen den gleichen Gegenstand, die Investitionsalternativen, betrachten. Daher werden in der Praxis häufig zwei oder drei Investitionsrechnungen parallel durchgeführt, wodurch die Situation transparenter wird. Zugleich macht dies deutlich, dass eine Investitionsrechnung die eigentliche Investitionsentscheidung nicht ersetzen, wohl aber sinnvoll unterstützen kann. Dies gilt umso mehr, als auch qualitative und sonstige Faktoren zu berücksichtigen sind, die nicht unmittelbar in die Berechnung eingehen.

Frage 4-D-11 **Was wird unter Steuern verstanden?**
Wie können sie aus Sicht des Unternehmens/Unternehmers eingeteilt werden?

Steuern

»Steuern sind Geldleistungen, die nicht eine Gegenleistung für eine besondere Leistung darstellen und von einem öffentlich-rechtlichen Gemeinwesen zur Erzielung von Einnahmen allen auferlegt werden, bei denen der Tatbestand zutrifft, an den das Gesetz die Leistungspflicht knüpft; die Erzielung von Einnahmen kann Nebenzweck sein. Zölle und Abschöpfungen sind Steuern im Sinne dieses Gesetzes.« (Legaldefinition lt. § 3 Abs. 1 AO – Abgabenordnung).

Steuern sind Geldleistungen, die erbracht werden müssen ohne Anspruch auf besondere Gegenleistungen. Insoweit unterscheiden sie sich von Gebühren und Abgaben.

Als Steuersubjekt wird derjenige bezeichnet, gegen den sich der Steueranspruch richtet. Steuerobjekt ist die Sache, das Rechtsverhältnis oder der Vorgang, welcher als Grundlage der Besteuerung dient. Auf dieser Basis ermittelt sich die so genannte Steuerbemessungsgrundlage und unter Anwendung des Steuertarifes die Höhe der zu zahlenden Steuer.

Eine Einteilung der Steuern richtet sich danach, inwieweit Steuerschuldner und Steuerträger identisch sind:
- direkte Steuer, der Steuerschuldner ist derjenige, der auch letztendlich die Belastung tragen soll,
- indirekte Steuer, hier kann die Steuerlast vom Steuerschuldner (z.B. dem liefernden Unternehmen) auf den Steuerträger (z.B. den Kunden) abgewälzt werden, z.B. die Umsatz/Mehrwertsteuer.

Nach der Behandlung im Rechnungswesen und betriebswirtschaftlichen Kriterien kann untergliedert werden in:
- **Steuern des Unternehmers**: Sie sind von den Anteilseignern und Gewinnberechtigten zu tragen und beeinträchtigen nicht das Betriebsergebnis (vor Steuern), sondern sind aus den Gewinnanteilen zu bezahlen bzw. werden wie Entnahmen behandelt.
Beispiele sind die Einkommensteuer auf Unternehmergewinne bzw. die Körperschaftssteuer bei juristischen Personen.

- **Zu aktivierende Steuern**: Soweit Steuern – z.B. Grunderwerbssteuer oder Eingangszölle gemäß den Bewertungsregeln zu den Anschaffungskosten zählen, sind sie nicht direkt als Aufwand/Kosten geltend zu machen, sondern bei den entsprechenden Positionen zu aktivieren.
- **Betriebliche, als Aufwand/Kosten zu behandelnde Steuern**: Sie mindern das Betriebsergebnis.
  Zu ihnen zählen u.a. Beförderungs-, Kfz-, Mineralöl-, Versicherungssteuer sowie ggf. Ausfuhrzölle.
- **Umsatzsteuer**: Sie gehört zu den indirekten Steuern, d.h., sie soll letztendlich vom Endverbraucher getragen werden. Auch wenn sie auf den einzelnen Leistungsstufen erhoben und an das Finanzamt abzuführen ist – und zwar bezogen auf den so genannten Mehrwert, indem auf den Abgabepreis die Mehrwertsteuer berechnet und erhoben wird, das jeweilige Unternehmen jedoch die von ihm an seine Lieferanten gezahlte Mehrwertsteuer (die so genannte Vorsteuer) zur Ermittlung seiner Zahlungsverpflichtung an das Finanzamt saldieren kann. Damit soll die Umsatzsteuer unabhängig von der Anzahl der Stufen in der Wertschöpfungskette bleiben und somit auch wettbewerbs- und konzentrationsneutral wirken. Damit belastet die Umsatzsteuer auch nicht die Ertrags- oder Kostenrechnung des Unternehmens. Jedoch haftet das Unternehmen – und zusätzlich die Verantwortlichen, z.B. Geschäftsführer – dem Finanzamt gegenüber für die ordnungsgemäße Einbehaltung und Abführung.
- **Lohn- und Kirchensteuer**: Sie werden ebenfalls zwar vom Unternehmen einbehalten und an das Finanzamt abgeführt, jedoch nicht unmittelbar vom Unternehmen getragen, sondern von den jeweils steuerpflichtigen Mitarbeiterinnen und Mitarbeitern. Basis für den Aufwand bzw. die Kosten im Unternehmen ist der Bruttolohn. Die Arbeitnehmer erhalten den um die Abzüge geminderten Nettolohn.
  Zu den durch das Unternehmen einzubehaltenden und abzuführenden Abgaben zählen gleichfalls eventuelle Solidaritätszuschläge sowie die Arbeitnehmeranteile an den Sozialversicherungen. Auch hier haftet das Unternehmen – und die Verantwortlichen zusätzlich – der Finanzverwaltung (bzw. dem Versicherungsträger) gegenüber für die ordnungsgemäße Einbehaltung und Abführung der Beträge.

Auf weitere Einteilungen der Steuern, bezogen auf den Steuergegenstand oder darauf, ob sie dem Bund, dem Land oder den Kommunen zustehen, wird hier nicht eingegangen.

5 RECHNUNGSWESEN UND INFORMATIONSFLUSS

Frage 5-A-01

Funktionen und Einteilung des Rechnungswesens

Welches sind die Aufgaben und Ziele des Rechnungswesens?

Das Rechnungswesen ist Teil des Informationswesens eines Unternehmens. Zu ihm gehören Verfahren, die alle relevanten und zahlenmäßig erfassbaren (quantifizierbaren) Vorgänge und Beziehungen im Unternehmen systematisch erfassen und auswerten. Die wesentlichen Funktionen sind:

- **Dokumentation**: Zustände, Prozesse und Ergebnisse etc. werden transparent und überprüfbar, hierauf basieren auch Kontrollfunktionen.
- **Basis zur Planung und Steuerung**: Die Daten des betrieblichen Rechnungswesens dienen als Grundlage für Wirtschaftlichkeits- und Rentabilitätsrechnungen und somit als Planungs- und Entscheidungsgrundlage.
- **Rechenschaftslegung**: Dies gilt nicht nur betriebsintern und für Kapitaleigner, sondern auch extern, also Dritten gegenüber, was durch eine Reihe rechtlicher Vorschriften zur Rechnungslegung abgesichert ist.
- **Information**: Auch dies gilt einerseits intern und andererseits Dritten gegenüber sowohl auf freiwilliger Basis als auch auf Grund gesetzlicher Vorschriften zur Offenlegung und Veröffentlichung.

Dem **Unternehmen** dient das Rechnungswesen vorwiegend bei folgenden Zielen:
- Dem Nachweis über Vermögen und Verbindlichkeit,
- der Ermittlung des Erfolges einer Periode,
- der Überprüfung der Wirtschaftlichkeit betrieblicher Prozesse,
- als Basis und Überwachung für die Preisgestaltung,
- als Möglichkeit der Bereitstellung beweiskräftiger Unterlagen in Rechts- und Vermögensstreitigkeiten,
- als Grundlage für Planungen und Kontrolle.

Außen stehenden Interessengruppen dienen die Auswertungen als Grundlage für Entscheidungen, ob und in welcher Weise Geschäftsbeziehungen mit dem Unternehmen aufgenommen bzw. weiter gepflegt werden sollen. Bedeutsam ist hier insbesondere die Beurteilung der Liquidität, der Bonität und der zu erwartenden Ertragskraft sowie generell der Entwicklungschancen. Daneben liefert das Rechnungswesen Daten für die Bemessungsgrundlage zur Ermittlung von Steuer- und Abgabeverpflichtungen.

Je nach dem Zweck der Auswertung kann die **Ausgestaltung** erfolgen als:
- Ist-Rechnung, vergangenheitsbezogen mit den tatsächlichen Werten,
- Plan-Rechnung, zukunftsbezogen bzw.
- Soll-Rechnung, zumeist aus der Planrechnung abgeleitet mit Vorgabecharakter.

Frage 5-A-02

Gliederung des Rechnungswesens

Wie wird das Rechnungswesen in Betrieben traditionell gegliedert?

Die sich aus den verschiedenen Zielen ergebenden Aufgaben können nicht alle in einer einzigen Methodik der Rechnungslegung erfüllt werden. Hinzu kommt, dass ‚bezogen auf Rechnungslegung und Veröffentlichung Dritten gegenüber, besondere Anforderungen an eine zuverlässige und einheitlichen Regelungen entsprechende Form gestellt werden, während für die innerbetriebliche Aufbereitung eine Ausrichtung an den speziellen Themen sinnvoll ist. Insoweit wird traditionell untergliedert in:

- **Buchführung und Jahresabschluss**, externes Rechnungswesen, auch Finanzbuchhaltung, Geschäftsbuchhaltung, paratorische Buchhaltung oder kaufmännische Buchhaltung genannt. Sie erfasst den außerbetrieblichen Werteverkehr der Unternehmung aus Geschäftsbeziehungen mit Dritten (z.B. Kunden, Lieferanten, Schuldnern, Gläubigern, der öffentlichen Hand etc.) und die sich im Geschäftsverkehr ergebenden Veränderungen der Vermögens- und Kapitalverhältnisse. Der Jahresabschluss dient sowohl internen als auch externen Zwecken.

- **Kosten- und Leistungsrechnung**, oft kurz Kostenrechnung genannt, soll der Unternehmensführung entscheidungsrelevante Informationen zur Verfügung stellen, die auf die jeweiligen Fragestellungen zweckorientiert aufbereitet sind. Oftmals wird auch von Betriebsbuchhaltung gesprochen, da der Schwerpunkt der Abrechnung sich auf die betriebsinternen Prozesse bezieht.

- **Betriebsstatistik**, Vergleichsrechnung und Kennziffern dienen zum einen der Auswertung sowohl des Jahresabschlusses als auch der Kostenrechnung im innerbetrieblichen Betriebsvergleich oder zu externen Vergleichen mit anderen Unternehmungen, beispielsweise der gleichen Branche. Außerdem können für die Auswertungen auch Daten hinzugezogen werden, die nicht (oder nicht in dieser mengenmäßigen) Form in die vorgenannte Rechnungslegungen eingehen.

- **Planungsrechnung**, inwieweit sie als eigenständiger Bereich – wie es herkömmlich geschieht – aufzufassen ist, wird zunehmend zurückhaltend betrachtet, da einerseits Planrechnungen ebenfalls in den anderen Bereichen (beispielsweise als Planbilanz, Plankostenrechnung etc.) vorgenommen werden und andererseits strategische und operative Planungen in aller Regel in ihren Dimensionen über eine Rechnungslegung deutlich hinausgehen. Andererseits können hier jedoch Instrumentarien der Planung und Entscheidungsvorbereitung zusammengefasst sein, mit denen das Rechnungswesen die verschiedenen Führungsbereiche im Unternehmen unterstützt.

Welches sind die wesentlichen Grundlagen für Buchführung und Jahresabschluss – das externe Rechnungswesen?

Frage 5-D-01

Buchführung/ externes Rechnungswesen

Der Jahresabschluss ist die offizielle Rechnungslegung des Unternehmens. Er muss sowohl den Informationsbedürfnissen der verschiedenen internen und externen Interessengruppen entsprechen als auch ein zuverlässiges Bild über die Vermögens-, Finanz- und Ertragslage vermitteln.

An die Feststellung des Jahresabschlusses sind verschiedene Rechtsfolgen geknüpft, z.B. Gewinnermittlung, Ausschüttung, Steuerfestsetzung, Erfolgsbeteiligung etc. Dabei können Interessenkonflikte zwischen den verschiedenen Adressaten der Unternehmensleitung entstehen, und bei Letzteren auch wiederum zwischen unterschiedlichen Zielsetzungen: So kann steuerlich das Interesse des Betriebes auf einen geringen Gewinnausweis gerichtet sein, während andererseits eine hohe Ertragslage die Bonität und Kreditwürdigkeit des Unternehmens steigert. Um zu gewährleisten, dass sich auch Außenstehende ein zuverlässiges Bild über den Betrieb durch den Jahresabschluss bilden können, war es notwendig, verbindliche Richtlinien für die Erstellung eines Jahresabschlusses festzulegen. Für eine Reihe von Unternehmungen ist auf Grund ihrer Rechtsform, ihrer Bedeutung oder Größe vorgeschrieben, dass sie die Einhaltung dieser Richtlinien durch einen unabhängigen Prüfer (in der Regel durch Wirtschaftsprüfer) testieren, bestätigen lassen müssen.

Buchführung ist eine Zeitraumrechnung, in der alle relevanten und in Zahlenwerten ausdrückbaren Geschäftsvorfälle einer Periode chronologisch erfasst sowie in nachprüfbarer, systematischer und übersichtlicher Form geordnet werden.

Der **Jahresabschluss** ist eine Zeitpunktrechnung und wird am Anfang der Betriebstätigkeit sowie am Ende einer jeden Periode aufgestellt. Daneben gibt es auch so genannte Sonderbilanzen, wenn zu besonderen Anlässen Rechenschaft abgelegt, also »Bilanz gezogen« werden soll.

Dem Jahresabschluss liegt einerseits ein Verzeichnis der Vermögensgegenstände und der Schulden (Inventar), bezogen auf den Bilanzstichtag, zu Grunde. Basis ist die Inventur, entweder als körperliche Bestandsaufnahme durch messen, wiegen, zählen etc. oder anhand schriftlicher Unterlagen (Buchinventur).

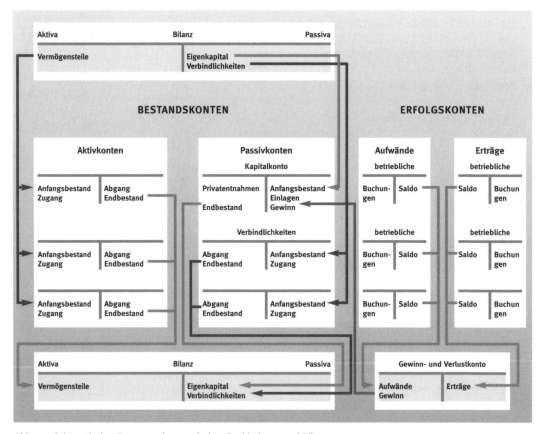

Abb. 5.1: Schematischer Zusammenhang zwischen Buchhaltung und Bilanz

Zum anderen besteht ein enger Zusammenhang zwischen Buchführung und Jahresabschluss. Die Buchführung gibt Auskunft über die Entwicklung einer (Anfangs-)Bilanz zur einer (Schluss-)Bilanz. Aus einer anderen Sicht lässt sich sagen, dass die Buchführung von zwei aufeinander folgenden Perioden durch die **Bilanz** miteinander verbunden wird, die Bilanz somit eine Zäsur in der kontinuierlichen Rechnungslegung einer Geschäftsbuchhaltung ist, indem eine übersichtliche Zusammenfassung mit einer periodengerechten Abgrenzung erfolgt. Der schematische Zusammenhang zwischen Buchhaltung und Bilanz ist in Abb. 5.1 dargestellt. Auf weitere Einzelheiten zur Buchhaltung wird hier nicht eingegangen.

Welche verschiedenen Rechtsgrundlagen und Grundsätze müssen der Buchführung und Bilanzierung zu Grunde gelegt werden?

Frage 5-D-02

Rechtsgrundlagen und Grundsätze des externen Rechnungswesens

- **Handelsrechtliche Regelungen**: Von besonderer Bedeutung ist das dritte Buch im Handelsgesetzbuch (HGB) mit Vorschriften, die für alle Kaufleute gelten, dies ergänzt um Vorschriften für Kapitalgesellschaften sowie ergänzende Vorschriften für eingetragene Genossenschaften. Zusätzlich enthalten noch spezielle Gesetze, wie das Aktiengesetz, GmbH-Gesetz und Genossenschafts-Gesetz Vorschriften, die auf Besonderheiten der jeweiligen Rechtsform zugeschnitten sind. Das Handelsrecht ist vom Gläubigerschutz (Vorsichtsprinzip, der Kaufmann soll sich nicht reicher darstellen, als er ist) geprägt, zum Teil ergänzt bzw. gemildert für Kapitalgesellschaften durch den Schutz der Kapitalanleger, damit ihnen nicht Erträge vorenthalten werden (zu Bewertungsfragen siehe auch Frage 5-D-05).
- **Steuerrechtliche Regelungen**: Gesetzliche Vorschriften zur Buchführungspflicht sind in der Abgabenordnung enthalten, gesonderte Vorschriften, insbesondere zur Bewertung, in den verschiedenen Gesetzen, beispielsweise Einkommensteuergesetz. Anliegen ist hier nicht das Vorsichtsprinzip, sondern es wird auf eine gesicherte Steuerbemessungsgrundlage abgezielt.
- **Maßgeblichkeitsprinzip**: Grundsätzlich – soweit nicht steuerliche Bestimmungen etwas anderes zwingend vorschreiben – wird die Steuerbilanz aus der Handelsbilanz abgeleitet. Dies wird als Maßgeblichkeitsprinzip bezeichnet und gilt sowohl für den Bilanzansatz als auch für die Bewertung der Bilanzpositionen. Besondere Bedeutung für die Wahrung der Einheit zwischen Handels- und Steuerbilanz hat jedoch das sog. **umgekehrte Maßgeblichkeitsprinzip** erlangt, nach welchem gesetzliche Vorschriften sowohl im Handels- als auch im Steuerrecht sicherstellen, dass steuerliche Wahlrechte in die Handelsbilanz übernommen werden können, auch wenn sie von den handelsrechtlichen Bewertungsregeln abweichen. Da das Steuerrecht in einer Reihe von Sonderregelungen eine Anerkennung von entsprechenden Handelsbilanzansätzen abhängig macht, kommt der Umkehrung in Ergänzung zum Maßgeblichkeitsprinzip wesentliche Bedeutung zu.
Ziel ist, Steuer- und Handelsbilanz in möglichst weit gehender Übereinstimmung zu halten, was in einigen Fällen (z.B. Ingangsetzungskosten) jedoch nicht aufrechterhalten wird (was hier wiederum nicht vertieft werden kann).
- **Grundsätze ordnungsmäßiger Buchführung/Bilanz (GoB)**: Die allgemein anerkannten Regeln zur Aufzeichnung der Geschäftsvorfälle (Dokumentation) sowie

zur Erstellung des Jahresabschlusses (Rechnungslegung) werden als GoB bezeichnet. Sie haben sich in der Praxis durch die praktische Übung ordentlicher Kaufleute, Rechtsprechung, Gutachten und Empfehlungen von Verbänden, z.B. Wirtschaftsprüfer und Behörden, durch die betriebswirtschaftliche Literatur sowie durch Gesetz und Verordnung entwickelt. Sie ergänzen die gesetzlichen Vorschriften und ein Teil von ihnen ist inzwischen in das HGB übernommen.

GoB für Buchführung und Inventar
»Jeder Kaufmann ist verpflichtet, Bücher zu führen und in diesen seine Handelsgeschäfte und die Lage seines Vermögens nach den Grundsätzen ordnungsmäßiger Buchführung ersichtlich zu machen. Die Buchführung muss so beschaffen sein, dass sie einem sachverständigen Dritten innerhalb angemessener Zeit einen Überblick über die Geschäftsvorfälle und über die Lage des Unternehmens vermitteln kann. Die Geschäftsvorfälle müssen sich in ihrer Entstehung und Abwicklung verfolgen lassen.« Im Einzelnen ergeben sich als Anforderungen:
- Materielle Ordnungsmäßigkeit, stattgefundene Geschäftsvorfälle sind vollständig und richtig aufzuzeichnen, keine nicht erfolgten Geschäftsvorfälle dürfen aufgenommen werden;
- formelle Ordnungsmäßigkeit, bezieht sich auf Klarheit, Übersichtlichkeit und Nachprüfbarkeit (z.B. Bezug auf Belege).

GoB und Jahresabschluss:
Auch hier gelten die Grundsätze der Vollständigkeit und Wahrheit sowie ein Verbot von Saldierung, also das Bruttoprinzip. Ferner sind insbesondere zu beachten:
- Grundsatz der Bilanzidentität, die Gleichheit der Schlussbilanz eines Jahresabschlusses mit der Anfangsbilanz des folgenden Jahres.
- Grundsatz der Fortführung des Unternehmens, er ist wesentlich für die laufende periodische Bilanzierung (z.B. auch für die Bewertung) im Gegensatz beispielsweise zu einer Liquidationsbilanz als Sonderbilanz.
- Grundsatz der Einzelbewertung,
- Grundsatz der Vorsicht, aus dem sich das Realisationsprinzip (nur zum Bilanzstichtag realisierte Gewinne dürfen einbezogen werden) und das Imparitätsprinzip (alle vorhersehbaren Risiken und Verluste, die bis zum Bilanzstichtag entstehen, sind zu berücksichtigen) ableiten..
- Grundsatz der Periodenabgrenzung, d.h. Aufwendungen und Erträge sind nach dem Verursachungsprinzip einem Geschäftsjahr zuzurechnen, unabhängig vom Zeitpunkt der entsprechenden Zahlung.
- Grundsatz der Stetigkeit, sie gilt sowohl als formale als auch als materielle Bilanzkontinuität, letztere auch als Methodenstetigkeit bezeichnet im Hinblick auf die Bewertungsmethoden.

Frage 5-D-03 | **Welche Bestandteile hat der Jahresabschluss?**
Worauf bezieht sich die Bilanzanalyse?

Jahresabschluss/ GuV/Bilanz

Für Einzelunternehmen und Personengesellschaften besteht der Jahresabschluss aus der Bilanz sowie der Gewinn- und Verlustrechnung (GuV). Kapitalgesellschaften müssen zusätzlich einen Anhang im Rahmen des Jahresabschlusses erstellen sowie einen Lagebericht.

Bilanz:
Sie ist die Gegenüberstellung von Vermögen (Aktiva) zum Eigen- und Fremdkapital (Passiva). Insoweit gewährt sie Einblick in die Vermögens- und Finanzlage.

In der zu Beginn einer Geschäftstätigkeit bzw. in der dann jeweils zum Ende eines Geschäftsjahres zu erstellenden Handels-/Steuer-Bilanz (auch als Regelbilanzen bezeichnet) wird außerdem der erwirtschaftete Gewinn bzw. Verlust (Ertragslage) in seiner Höhe ausgewiesen, ggf. auch, welche Teile davon beispielsweise Rücklagen zugewiesen werden.

Gewinn- und Verlustrechnung:
Indem hier für eine Abrechnungsperiode Aufwendungen und Erträge gegenübergestellt werden, gibt sie Einblicke in die Entstehung des Betriebsergebnisses. Wie detailliert diese Erkenntnisse sind, hängt ab von der Gliederungstiefe, für die bei Kapitalgesellschaften konkretere Vorschriften bestehen.

Anhang:
Er beinhaltet zum einen Pflichtangaben, die die Posten der Bilanz sowie der GuV erläutern und auf die angewandten Bilanzierungs- und Bewertungsmethoden etc. hinweisen. Daneben stehen die Wahlpflichtangaben, die im Anhang aufzunehmen sind, falls sie nicht in der Bilanz oder der GuV ausgewiesen wurden (z.B. Anlagenspiegel in der Bilanz). Zusätzliche Angaben sind aufzunehmen, wenn sie notwendig sind, um die tatsächlichen Verhältnisse der Vermögens-, Finanz- und Ertragslage zu vermitteln. Schließlich sind freiwillige Angaben möglich.

Lagebericht:
Er ergänzt den Jahresabschluss (ohne davon ein Teil zu sein) und erweitert die Möglichkeiten zur Gesamtbeurteilung der wirtschaftlichen, sozialpolitischen und technischen Lage der Unternehmung. Hierzu soll insbesondere auf Vorgänge eingegangen werden, die nach Schluss des Geschäftsjahres eingetreten sind und die voraussichtliche Entwicklung der Kapitalgesellschaft aufzeigen.

Auch wenn sich der Begriff **Bilanzanalyse** eingebürgert hat, so bezieht diese sich doch auf alle Teile des Jahresabschlusses, ggf. nebst Lagebericht, um einen besseren Überblick über die wirtschaftliche Lage des Unternehmens zu gewinnen. Von **externer** Bilanzanalyse wird gesprochen, wenn sie von Außenstehenden, von Dritten durchgeführt wird, beispielsweise Banken, sonstigen Kreditgebern etc. Sie bildet oftmals die Grundlage für Entscheidungen, ob Geschäftsbeziehungen zum Unternehmen eingegangen, aufrechterhalten oder eingeschränkt werden sollen. Bei **internen** Analysen handelt es sich um solche, die im Unternehmen erfolgen. Dabei kann üblicherweise auf zusätzliche Unterlagen zugegriffen werden. Häufig dient sie betriebsinternen Zwecken; sie sollte aber auch zur Überprüfung genutzt werden, inwieweit Dritte bei ihren externen Analysen auch die für das Unternehmen wesentlichen Informationen entnehmen können, um ggf. zusätzliche Angaben zu machen, sei es durch detailliertere Gliederung der Bilanz oder GuV bzw. Hinweise im Anhang und Lagebericht.

Frage 5-D-04   **Was ist in die Bilanz aufzunehmen? Wie ist sie zu gliedern?**

Bilanzierung

Für die Bilanzierung ergeben sich drei Fragestellungen:
- Ist ein Posten in die Bilanz aufzunehmen? Dies geschieht durch Aktivierung oder Passivierung.
- Wo ist der Posten in der Bilanz auszuweisen? Hier geht es um die Bilanzgliederung.
- Mit welchem Betrag ist der Posten auszuweisen? In welcher Höhe ist der Posten zu bilanzieren, wie erfolgt die Bewertung? Auf diesen dritten Punkt geht die nachfolgende Frage 5-D-05 ein.

Diese Themen werden nachfolgend nur unter Bezug auf die im Rahmen des Jahresabschlusses zu erstellende Bilanz behandelt. Auf so genannte Sonderbilanzen – z.B. Umwandlungs-, Auseinandersetzungs-, Fusions-, Sanierungs-, Liquidations- oder Vergleichsbilanz – wird hier nicht eingegangen, da für sie, dem jeweiligen Zweck entsprechend, andere Grundsätze gelten.

Aktivierung und Passivierung

Aktivierung heißt Ausweis auf der Aktivseite der Bilanz, Passivierung entsprechend auf der Passivseite.

Ob dem Grunde nach ein Posten zu bilanzieren ist, unterscheidet sich in:
- **Bilanzierungsgebot**: Es gilt der Grundsatz der Vollständigkeit und der Bilanzwahrheit, jedoch im Sinne einer wirtschaftlichen Betrachtungsweise, die nicht allein danach entscheidet, wem juristisch das Eigentum zuzurechnen ist. So sind beispielsweise auch Vermögensgegenstände zu aktivieren, die unter Eigentumsvorbehalt stehen oder mit Sicherungseigentum belegt sind; die entsprechenden Schulden sind zu passivieren. Andererseits werden Forderungen und Verbindlichkeiten, die zivilrechtlich mit dem Abschluss eines Kauf-, Werk- oder Dienstvertrages bereits entstehen, nicht bilanziert, solange der Vertrag von keiner Seite erfüllt wurde. Das Ansatzgebot bezüglich Rückstellungen und Rechnungsabgrenzungsposten wird am Schluss gesondert behandelt.
- **Bilanzierungsverbot**: Aufwendungen für die Gründung des Unternehmens und die Beschaffung des Eigenkapitals dürfen nicht aktiviert werden. Gleiches gilt für immaterielle Vermögensgegenstände des Anlagevermögens, die nicht entgeltlich erworben wurden – dies entspricht dem Vorsichtsprinzip, da immaterielle Anlagewerte nur schwer bewertbar sind. Entgeltliche, also von Dritten erworbene, immaterielle Vermögensgegenstände sind jedoch aktivierungsfähig.
- **Bilanzierungswahlrecht**: Hier überlässt das Handelsrecht dem Bilanzierenden die Entscheidung, beispielsweise bei einigen Möglichkeiten zur Bildung von Rückstellungen auf der Passivseite oder von Rechnungsabgrenzungsposten bei der Aktiva sowie beim so genannten derivativen (entgeltlich erworbenen) Firmenwert oder für so genannte Bilanzierungshilfen bei Kapitalgesellschaften, auf die hier nicht weiter eingegangen wird.

In der *Steuerbilanz* gilt, abweichend vom Maßgeblichkeitsprinzip, an Stelle des Wahlrechts ein Aktivierungsgebot und ein Passivierungsverbot, damit sich der Steuerpflichtige nicht ärmer darstellt.
- **Rechnungsabgrenzung und Rückstellungen**: Sie dienen einer besseren Periodenabgrenzung – es handelt sich gewissermaßen um Ansprüche oder Verbind-

lichkeiten gegenüber vorangegangenen oder nachfolgenden Wirtschaftsjahren, um einen leistungs- und verursachungsgerechten Ertragsausweis der einzelnen Perioden zu ermöglichen. Auch hier können Bilanzierungspflichten oder Wahlrechte gegeben sein, worauf hier jedoch nicht weiter eingegangen wird.

Gliederung
Für Einzelunternehmen und Personengesellschaften gilt lt. HGB lediglich, dass in der Bilanz das Anlagevermögen, das Umlaufvermögen, das Eigenkapital, die Schulden und die Rechnungsabgrenzungsposten gesondert auszuweisen und hinreichend aufzugliedern sind. Im Übrigen gelten die Grundsätze ordnungsgemäßer Bilanzierung. Für Kapitalgesellschaften gelten detailliertere Bestimmungen. Hier soll auf die Grundstruktur eingegangen werden.

Die **Aktiva** (Vermögensseite) gliedern sich in:
- *Anlagevermögen*: Vermögensgegenstände, die am Abschlussstichtag dazu bestimmt sind, dauerhaft dem Geschäftsbetrieb zu dienen; es wird weiter untergliedert in immaterielle Vermögensgegenstände, Sachanlagen und Finanzanlagen.
- *Umlaufvermögen*: Vermögensgegenstände, die am Abschlussstichtag dazu bestimmt sind, veräußert (Erzeugnisse, Handelsware etc.) oder nur einmalig genutzt (Werkstoffe, Bargeld, Bankguthaben, Forderungen etc.) zu werden.
- *Rechnungsabgrenzungsposten*.

Die **Passiva** (Kapitalquellen, Finanzierung des Unternehmens) gliedern sich in:
- *Eigenkapital* (einschließlich eventueller Rücklagen),
- *Rückstellungen*,
- *Schulden, Verbindlichkeiten*, beispielsweise gegenüber Kreditinstituten, aus Lieferungen und Leistungen, oder sonstige Verbindlichkeiten,
- *Rechnungsabgrenzungsposten*.

Welche Grundsätze gelten für die Bewertung?

Frage 5-D-05

Abschreibung, Bewertung

Nach den handelsrechtlichen Bewertungsvorschriften sind zu unterscheiden:
- **Anschaffungs- und Herstellungskosten**: Sie sind der Ausgangspunkt für die Bewertung von Vermögensgegenständen und zugleich eine Wertobergrenze.
- **Abschreibungen auf Anlagevermögen**: Bei Gegenständen des Anlagevermögens, deren Nutzung zeitlich begrenzt ist, sind die Anschaffungs- oder Herstellungskosten durch planmäßige Abschreibungen auf die Zeit der voraussichtlichen Nutzung zu verteilen. Der Abschreibungsplan ergibt sich aus der voraussichtlichen, in der Regel betriebsüblichen Nutzungsdauer sowie der gewählten Abschreibungsmethode. Daneben können außerplanmäßige Abschreibungen erforderlich werden. Die nachfolgende Abbildung zeigt Abschreibungsarten auf Anlagevermögen, und zwar differenziert nach HGB und dem Steuerrecht (EstG).
- **Bewertung des Umlaufvermögens**: Hier gilt grundsätzlich das so genannte »strenge Niederstwertprinzip«, d.h. die Anschaffungs- bzw. Herstellkosten bilden die Obergrenze; ist der Wert am Abschlussstichtag geringer, so muss dieser angesetzt werden. Demgegenüber gilt beim Anlagevermögen das »gemilderte Niederstwertprinzip«, d.h., die Abschreibung auf einen niedrigeren Wert

Abschreibungsursache/Entwertungsgrund	Handelsrecht (HGB)	Steuerrecht (EStG)
Normaler technischer Verschleiß bzw. Fristablauf	Planmäßige Abschreibung § 253 (2) Satz 1 und 2	AfA = Absetzung für Abnutzung § 7 (1) Satz 1 bis 3
Substanzverringerung		AfS = Absetzung für Substanzverringerung § 7 (6)
Katastrophenverschleiß, versteckte Mängel, erhöhte Inanspruchnahme etc.	Außerplanm. Abschreibung auf den niedrigeren Wert § 253 (2) Satz 3	AfaA = Absetzung f. außergew. Abnutzung § 7 (1) letzter Satz
Fallende Wiederbeschaffungspreise, Fehlmaßnahmen		Teilwertabschreibung § 6 (1)
Wirtschaftspolitische Gründe u. Ä.	Umg. Maßgeblichkeitsprinzip, soweit notwendig, § 254	Sonder-AfA § 6b

Abb. 5.2: Abschreibungsarten auf Anlagevermögen

am Bilanzstichtag gegenüber dem Anschaffungs-Herstellungswert abzüglich eventueller planmäßiger Abschreibungen ist nur eingeschränkt verpflichtend.

- **Bewertung von Verbindlichkeiten**: Während der Grundsatz vorsichtiger Bewertung bei der Aktivseite sich im Niederstwertprinzip widerspiegelt, führt er bei der Bewertung von Verbindlichkeiten auf der Passivseite zum »Höchstwertprinzip«. Dies ist beispielsweise von Bedeutung für Verbindlichkeiten, die in Fremdwährung aufgenommen und zurückgezahlt werden müssen.

Durch die Gegenbuchung wirken sich die Bewertungen nicht nur in der Bilanz, sondern auch in der GuV aus.

Frage 5-D-06
Kosten- und Leistungsrechnung

Worin liegen die Aufgaben der Kosten- und Leistungsrechnung? Was bedeutet dies für die Gestaltungsfreiheit?

Die Kosten- und Leistungsrechnung ist eine wesentliche Informationsquelle für das Controlling. Dabei soll sie hierüber hinaus im Sinne eines Kostenmanagements der Unternehmensführung und anderen Betriebsbereichen Anregungen zur Gestaltung der Kostenstruktur liefern und damit zur Verbesserung der Erfolgschancen des Unternehmens beitragen. Die Informationen sind nach wirtschaftlichen Grundsätzen zweckorientiert aufzubereiten, um insbesondere Entscheidungshilfen zu bieten:

- den betrieblichen Leistungsprozess im Hinblick auf Wirtschaftlichkeit und Rentabilität zu optimieren,
- eine dem Leistungsvermögen des Unternehmens entsprechende Sortimentszusammensetzung zu unterstützen und
- die Preiskalkulation an den betrieblichen Kosten zu orientieren.

Sie kann als Ist-, Soll- bzw. Plan-Rechnung oder auch als so genannte Wird-Rechnung (was wäre, wenn, was könnte sein) aufgestellt werden und je nach Themenstellung mit Vergangenheits-, Gegenwarts- und Zukunftswerten operieren.

Entsprechend den verschiedenen Zielsetzungen wurden unterschiedliche Systeme mit einer Fülle von Varianten entwickelt. Im Gegensatz zur Finanzbuchhaltung ist die Kostenrechnung als interne Rechnungslegung an keine gesetzlichen Vorschriften gebunden. Dennoch gelten einige Prinzipien, die zur Beurteilung der jeweiligen Konzeptionen herangezogen werden:

- Prinzip der Vollständigkeit,
- Prinzip der Objektivität,
- Prinzip der Periodengerechtigkeit,

- Prinzip der Ausschaltung außergewöhnlicher Ereignisse,
- Verursachungsprinzip,
- Prinzip der relativen Genauigkeit,
- Prinzip der Wirtschaftlichkeit.

Die ersten drei Prinzipien sprechen weit gehend für sich. Außergewöhnliche Ereignisse werden durch Risikozuschläge berücksichtigt, um nicht durch zufällige Auswirkungen die Entscheidungsgrundlagen zu beeinträchtigen. Das Verursachungsprinzip spielt in der Differenzierung verschiedener Systeme eine besondere Rolle, um zu relevanten und wirksamen Rückschlüssen zu gelangen. Besonders die beiden letztgenannten Prinzipien weisen darauf hin, dass die Ermittlung zusätzlicher Aussagen in einem wirtschaftlichen Nutzenverhältnis zum damit verbundenen Erstellungsaufwand stehen soll.

Ein wesentliches Kriterium für die Zuordnung der verschiedenen Systeme ist die Einteilung in Vollkosten- und Teilkosten-Rechnungen, auf die in Grundzügen mit den Fragen 5-D-08 und 5-D-09 kurz eingegangen wird.

Was sind Kosten? Nach welchen Kriterien können sie wie gegliedert werden? Frage 5-D-07

Kostenbegriff und -gliederung

Kosten sind der leistungsbezogene und zweckgerichtet bewertete Verbrauch von Gütern und Dienstleistungen im Rahmen des Betriebsablaufs (Erstellung einschließlich Absatz und sonstiger Zusatzfunktionen) und zur Sicherung (Schaffung und Erhaltung) der Betriebsbereitschaft. Aus dieser Definition ergeben sich zwei Fragen, die beim Ansatz von Kosten zu behandeln sind:
- Welche Menge an Gütern und Dienstleistungen sind verbraucht und ist dieser Verbrauch leistungsbezogen, also verursachungsgerecht?
- Wie ist die Bewertung dieser Verbrauchsmengen vorzunehmen, und zwar ausgerichtet auf den Zweck der Rechnung?

Die Abgrenzung zwischen Kosten und Aufwand (der GuV im Jahresabschluss) veranschaulicht Abb. 5.3.

Bei den **aufwandsgleichen Kosten** werden die entsprechenden Aufwandspositionen übernommen. Der neutrale Aufwand geht nicht in die Kostenrechnung ein (siehe insbesondere Verursachungsprinzip und Prinzip der Ausschaltung außergewöhnlicher Ereignisse). Unter **Anderskosten** werden jene Positionen verstanden, denen sowohl im Aufwand als auch bei den Kosten ein Verzehr von Gütern und Dienstleistungen zu Grunde liegt, der jedoch in der Kostenrechnung in

Abb. 5.3: Abgrenzung zwischen Kosten und Aufwand

anderer Weise bewertet wird als in der Finanzbuchhaltung (beispielsweise Abschreibungen). **Zusatzkosten** ergeben sich für einen solchen leistungsbezogenen Verbrauch von Gütern und Dienstleistungen, denen aber kein Aufwand gegenübersteht. Beispiele: Unternehmerlohn, der im Gegensatz zur Vergütung eines Geschäftsführers bei Kapitalgesellschaften nicht unter Personalaufwendungen erfasst wird, sondern im Gewinn enthalten ist (oder entsprechend Zinsen auf Eigenkapital). Anders- und Zusatzkosten werden zusammen auch als **kalkulatorische Kosten** bezeichnet, da sie gesondert zu bewerten, zu kalkulieren sind.

Zwei Kriterien spielen für die Beurteilung und Gliederung der Kosten eine besondere Rolle:
- **Verrechnungsbezug**: Inwieweit lassen sich Kosten den Leistungen oder Betriebsbereichen zurechnen, siehe Abb. 5.4.
- **Beschäftigungsbezug**: In welcher Weise hängen die Kosten vom jeweiligen Beschäftigungsgrad ab? Ausgangspunkt ist hier, dass mit der Schaffung der Leistungsbereitschaft im Unternehmen (u.a. durch Investitionen) Kapazitäten aufgebaut wurden. Die tatsächliche Beschäftigung – der Beschäftigungsgrad – ist Maßstab, inwieweit die Kapazitäten ausgelastet oder ungenutzt bleiben. Bedeutsam für die Beurteilung der Anpassungsfähigkeit und der Auswirkung auf die Ertragslage eines Betriebes ist die Kenntnis darüber, inwieweit Kosten sich in ihrer Höhe dem Beschäftigungsgrad anpassen (variabel sind) oder unabhängig vom Beschäftigungs- (Auslastungs-)Grad anfallen, also konstant, fix sind; siehe Abbildung 5.5.

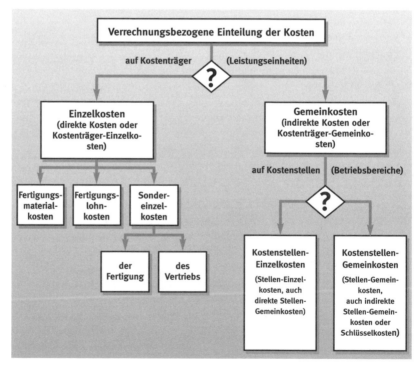

Abb. 5.4: Verrechnungsbezogene Einteilung der Kosten

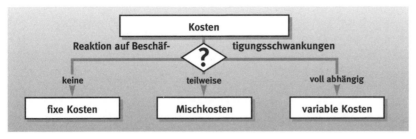

Abb. 5.5 Beschäftigungsbezogene Einteilung der Kosten

Wie ist die Kostenrechnung auf Vollkostenbasis strukturiert?

Frage 5-D-08

Vollkostenrechnung

Abb. 5.6 veranschaulicht den Aufbau der Kostenrechnung auf Vollkostenbasis mit der Unterteilung in Kostenarten-, Kostenstellen- und Kostenträgerrechnung.

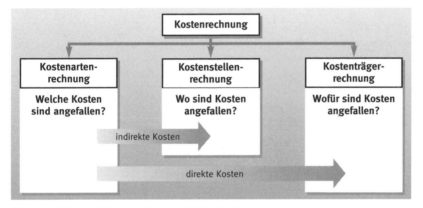

Abb. 5.6: Aufbau der Kostenrechnung auf Vollkostenbasis

Das Prinzip der Vollkostenrechnung basiert darauf, dass alle anfallenden Kosten erfasst und auf die Kostenträger, die Leistungseinheiten, verrechnet werden. Dies ist bei den Einzelkosten direkt möglich, für die Gemeinkosten werden zusätzliche Verrechnungsschritte erforderlich (dies in der sog. Kostenstellenrechnung).

Kostenartenrechnung
Welche Kosten sind angefallen? Hier geht es um die Abgrenzung des Mengengerüstes und die zweckbezogene Bewertung (siehe Frage 5-D-07). Eine produktionsfaktorbezogene Gliederung der Kostenarten, die auch als Primärkosten bezeichnet werden, kann wie folgt unterteilt werden:
- Kosten für Materialverbrauch,
- Personalkosten,
- Kosten aus öffentlichen Abgaben,
- Fremdleistungskosten (Dienstleistungskosten, Instandhaltung, Sonderkosten),
- kalkulatorische Kosten (kalkulatorische Abschreibung/Zinsen/Wagnis, kalkulatorischer Unternehmerlohn, kalkulatorische Miete)

Die Kostenartenrechnung ist die Grundlage für die nachfolgenden Rechnungen und Auswertungen.

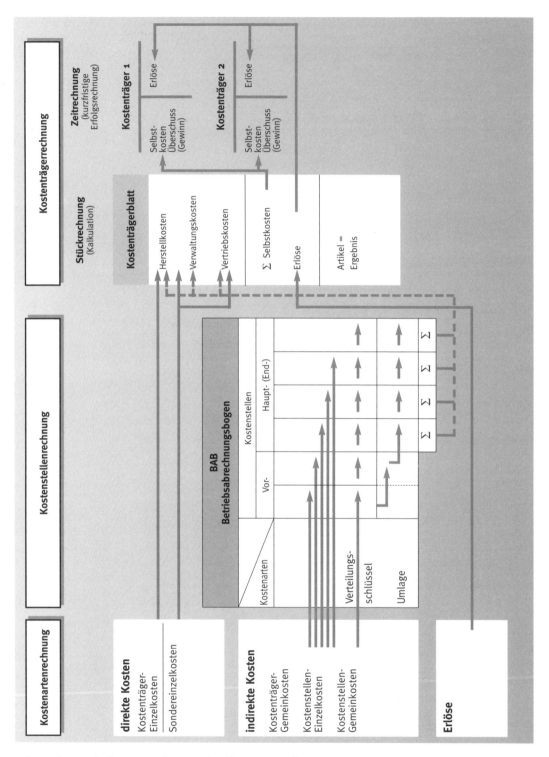

Abb. 5.7: Schema der Kostenarten-/Kostenstellen-/Kostenträgerrechnung

Kostenstellenrechnung

Wo sind die Kosten angefallen? An welcher Stelle im Betrieb? Ziel und Aufgabe der Kostenstellenrechnung ist:
- Verteilung der Gemeinkosten aus der Kostenartenrechnung auf Kostenstellen,
- Durchführung der innerbetrieblichen Leistungsverrechnung, die erforderlich wird, wenn eine Kostenstelle für eine andere Leistungen erbringt,
- Vorbereitung der Zurechnung von den Kostenstellen auf die Kostenträger und damit Vorbereitung der (Preis-) Kalkulation,
- Wirtschaftlichkeitskontrolle der einzelnen Bereiche (Kostenstellen).

Das typische Instrument der Kostenstellenrechnung ist der Betriebsabrechnungsbogen (BAB), siehe auch Abb. 5.7.

Kostenträgerrechnung

Kostenträger sind Leistungen (Erzeugnisse oder Aufträge), bei deren Erstellung Kosten verursacht werden. Die Kostenträgerrechnung soll die Frage beantworten: Wofür sind Kosten angefallen? Die Kostenträgerrechnung kann ausgestaltet sein als:
- **Kostenträgerstückrechnung**, hier werden die Kosten für eine Einheit (z.B. Stück) eines Kostenträgers ermittelt, beispielsweise zum Zwecke der Kalkulation.
- **Kostenträgerzeitrechnung:** Sie bezieht sich auf einen Zeitraum, z.B. für einen Monat, ein Quartal oder ein Jahr und wird auch als (kurzfristige) Erfolgsrechnung bezeichnet, indem den Kosten die Leistungen der Periode gegenübergestellt werden. Neben einer Gesamtrechnung können die Kostenträger auch untergliedert werden, beispielsweise nach Produkten bzw. Produktgruppen, Kundengruppen, Absatzgebieten etc.

Zu den Aufgaben der Kostenträgerrechnung zählen die Ermittlung:
- der Kosten je Kostenträger,
- des Erfolges der Kostenträger durch Gegenüberstellung der Kosten zu den jeweiligen Erlösen,

beides jeweils stück- oder zeitraumbezogen.

Daraus lässt sich die Bereitstellung von Informationen ableiten für:
- die Bestandsbewertung,
- die Preispolitik,
- die Programm- und Sortimentspolitik und
- die Beschaffungspolitik (beispielsweise Eigenfertigung oder Zukauf, Auslagerung).

Auf welchen Überlegungen beruht die Teilkostenrechnung? | Frage 5-D-09

Bei den Teilkostenrechnungen wird nur ein Teil der Kosten den Kostenträgern zugerechnet, wobei vorrangig auf die Kostenzurechenbarkeit und das Verursachungsprinzip abgestellt ist. Die übrigen, den Kostenträgern nicht direkt zugerechneten Kosten werden unmittelbar aus der Kostenstellenrechnung in die Ergebnisrechnung (Kostenträgerzeitrechnung) übernommen, sozusagen als Block »an der Kostenträgerstückrechnung vorbei«. Ein Kriterium zur Beurteilung

Teilkostenrechnung

der einzelnen Kostenträger bezieht sich darauf, inwieweit sie zur Deckung dieses Kostenblockes beitragen.

Die Kritik der Teilkostenrechner an der Vollkostenrechnung konzentriert sich im Wesentlichen auf zwei Kriterien:
- Gemeinkosten, die ihrem Wesen nach den Kostenträgern nicht direkt zugerechnet werden können, werden in der Vollkostenrechnung letztendlich über Schlüsselungen dennoch auf die Kostenträger verteilt; dabei überwiegt häufig das Durchschnittsprinzip gegenüber dem Verursachungsprinzip.
- Fix-Kosten werden proportionalisiert, d.h., sie werden z.B. durch Zuschlagssätze prinzipiell analog den variablen Kosten auf die einzelnen Leistungseinheiten, Kostenträger, verrechnet.

Häufig werden im Unternehmen sowohl Voll- als auch Teilkostenrechnungen benötigt. Erstere beispielsweise für die Bewertung von Fertig- und Halbfabrikaten sowie ausgehend von den Überlegungen, dass letztendlich zumindest auf lange Sicht für den Bestand eines Unternehmens die volle Abdeckung der Kosten durch die Leistungserlöse erforderlich wird. Die Teilkostenrechnung bietet insbesondere aussagefähigere Entscheidungsgrundlagen für die Preis- und Sortimentspolitik.

Beispiel:
Bei Nichtauslastung des Betriebes kann sich die Frage ergeben, ob ein Auftrag angenommen werden soll, auch wenn der erzielbare Preis unterhalb dessen liegt, was in der Vollkostenkalkulation als Selbstkostenpreis ermittelt wurde. Soweit jedoch dieser Preis die variablen Kosten übersteigt und somit einen Deckungsbeitrag zu den Blockkosten leistet (also zum Ausgleich von Fixkosten, die unabhängig von der Annahme eines Auftrages anfallen würden), kann er dennoch wirtschaftlich sein.

Die Vielzahl der im Laufe der Zeit entwickelten Konzeptionen, Systeme und Varianten der Teilkostenrechnung sind im Wesentlichen auf zwei Grundmuster zurückzuführen, die in diesen kompakten Band nicht im Einzelnen behandelt werden können:
- Deckungsbeitragsrechnungen,
- Grenzplankostenrechnungen.

Frage 5-D-10	**Wie ergänzen Statistik und Kennzahlen das Rechnungswesen?**
Kennzahlen, Statistik	**Statistik** als eine wissenschaftliche Disziplin mit Anwendungsbereichen in den verschiedensten Wissenschaften umfasst Methoden zur Beschreibung und Analyse insbesondere von Massenerscheinungen mit Hilfe von Zahlen. Sie und ihre Auswertungen sind für fast alle betrieblichen Bereiche bedeutsam.

Kennzahlen und Kennzahlensysteme spielen gleichfalls in der betrieblichen Auswertung eine wesentliche Rolle, um Zusammenhänge und Vergleiche prägnanter zu veranschaulichen. Zu unterscheiden ist in:
- **Grundzahlen**, absolute Zahlen, entweder als Einzelzahlen, Summen oder Salden, z.B. Umsatz, Anzahl der Mitarbeiter, Gewinn einer Periode etc.
- **Verhältniszahlen**, relative Kennzahlen, die Zusammenhänge in besonderer Weise deutlich machen können als:

— **Gliederungszahlen**: Der Teil wird ins Verhältnis zum Ganzen gesetzt, häufig als Prozentzahl; z.B. Anlagevermögen in Prozent zur Bilanzsumme, Export am Gesamtumsatz, Mitarbeiterinnen an der Gesamtbelegschaft etc.
— **Beziehungszahlen**: Wesensverschiedene Zahlen, die aber in einem logisch-sinnvollen Zusammenhang zueinander stehen, können in Beziehung zueinander gesetzt werden; z.B. Umsatz je Mitarbeiter, Eigenkapital zu Anlagevermögen, Umsatz je qm Verkaufsfläche etc.
— **Indexzahlen**: Gleichartige Größen, die zu unterschiedlichen Zeiten oder an verschiedenen Orten (oder Betrieben) entstanden sind, werden zueinander ins Verhältnis gesetzt, indem eine Größe den Wert 100 erhält und die andere(n) an diesem Index gemessen werden, sodass insbesondere Entwicklungen recht gut aufgezeigt werden können; beispielsweise Entwicklung der Löhne und Gehälter, Preisentwicklungen, Lebenshaltungskosten-Index einer Volkswirtschaft, etc.

Wie hängen Informationen und Planung zusammen?

Frage 5-D-11

Entscheidung

Als Information wird das zweckbezogene Wissen über Zustände und Ereignisse bezeichnet.

Informationen können sich sowohl auf Daten aus dem Unternehmen als auch aus dessen Umfeld beziehen. Neben dem Bezug auf den Gegenstand kann die Zweckbeziehung der Information auch funktionsorientiert verstanden werden, beispielsweise handlungs- und entscheidungsorientiert.

In diesem Sinne dienen Informationen als Basis für Planung und Entscheidung, die in ihrer Qualität wesentlich von der Güte und Vollständigkeit der Informationen abhängen. Etwas pointiert ließe sich sagen: Entscheidungen werden getroffen auf Grund von Vorstellungen, die sich der Entscheider von Sachverhalten und Umständen etc. macht, und diese werden geprägt von Informationen und den Fähigkeiten, sie richtig zu analysieren und zuzuordnen.

Die Entscheidung selbst ist wiederum eine Information, die evtl. in geeigneter Form als Plan- und Soll-Werte weitergegeben werden kann, sei es zu zusätzlichen Detailplanungen oder letztendlich zur Steuerung der Abläufe im Unternehmen.

Auch die Abstimmung innerhalb der Ablaufprozesse erfolgt wiederum durch Informationen. Die Informationen über den Vollzug, das tatsächliche Geschehen, führen zu Ist-Werten, die zugleich zusammen mit den Soll-Vorgaben Kontrollzwecken dienen.

Als Teil des Informationsflusses ist das Rechnungswesen eine bedeutsame Quelle zur Bereitstellung betriebsrelevanter Informationen.

6 Personalwesen und Mitarbeiterführung

Frage 6-A-01

Personalwesen allgemein

Mitarbeiter im Betrieb: Welche Aufgaben kommen dabei dem Personalwesen und der Mitarbeiterführung zu?

Für die Wettbewerbsfähigkeit eines Unternehmens wird es immer wichtiger, die richtigen Mitarbeiter zu gewinnen, sie sinnvoll einzusetzen und ihre Leistungsbereitschaft zu entwickeln.

Im Mittelpunkt des Personalwesens steht der Mensch. Menschliche Arbeitsleistung unterscheidet sich von anderen Produktionsfaktoren:
- Zum einen kann die Arbeitsleistung nicht isoliert zur Person gesehen werden, die sie erbringt.
- Darüber hinaus wirkt der Mensch nicht nur im Leistungsprozess mit, sondern er gestaltet und beeinflusst ihn wesentlich.
- Zudem ist der Mitarbeiter auch Mitglied der Gesellschaft und damit zugleich ein Teil des Unternehmensumfeldes.

Insoweit hat die Personalwirtschaft Aspekte zu berücksichtigen, die über den betrieblichen Prozess hinausgehen.

Die Arbeitsleistung wird insbesondere durch die folgenden Faktoren beeinflusst:
- **Leistungsfähigkeit** der Mitarbeiter: Sie beruht auf ihren Kenntnissen und Fertigkeiten durch Ausbildung und Erfahrung, zudem auf Eigenschaften wie Gesundheit, körperliche Kondition und Geschicklichkeit sowie aus persönlichkeitsbezogenen Faktoren – z.B. Belastbarkeit, Anpassungs-, Koordinations- und Konfliktbereitschaft und Durchsetzungsvermögen – die teilweise veranlagungs- und verhaltensbedingt sind, zum Teil aber auch trainiert und ausgebildet werden können.
- **Leistungsbereitschaft**: Durch sie wird die Leistungsfähigkeit in effektive Leistung umgesetzt. Sie ist geprägt vom persönlichen Leistungswillen und der Motivation, die sowohl durch konstruktive Personalförderung und sinnvolle Arbeitsbedingungen als auch durch entsprechende Lohnsysteme und sonstige Konditionen gefördert werden können.
- **Aufgabengestaltung**: Mit ihr erfolgt die Zweckorientierung, d.h., es wird die Funktion beschrieben, durch deren Erfüllung Fähigkeiten und Bereitschaften erst zur Leistung werden.
- **Umfeldgestaltung**: Sie wird beeinflusst durch ergonomische und psychologische Anpassung von Arbeitsmethoden, Arbeitsmitteln und Arbeitsplatz sowie Regelungen der Arbeitszeit, Arbeitsrhythmus und Pausen etc. Sie hat Einfluss auf den Wirkungsgrad.

Mitarbeiterführung geht über die Betreuung durch die Personalabteilung hinaus und wird im Unternehmen durch die Führungskräfte und insbesondere die jeweiligen Vorgesetzten und Ansprechpartner der Mitarbeiter gelebt und umgesetzt. Sie prägen das allgemeine Betriebsklima mit, das u.a. Ausdruck davon ist, wie miteinander umgegangen werden soll bzw. wird. Mitarbeiterführung hat wesentlichen Einfluss auf die Leistungsbereitschaft und insbesondere die Motivation der Mitarbeiter. Es werden daher einige Aspekte angesprochen, auch wenn auf Führungsaufgaben erst in Kapitel 7 eigenständig eingegangen wird.

Was ist bezüglich der Personalbereitstellung zu berücksichtigen und zu planen?	Frage 6-D-01

Frage 6-D-01
Personalbereitstellungsplan, Personaleinstellung

Zu den primären Zielen des Personalwesens zählen:
- Personalbereitstellung entsprechend den Anforderungen des Unternehmens, und zwar in quantitativer (gemessen z.B. an Mitarbeiterzahl und Arbeitsstunden) und qualitativer Hinsicht.
Dies gilt sowohl für den aktuellen Bedarf als auch für mittel- und langfristige Vorsorge.
- Interessen und Bedürfnissen der Mitarbeiter soll in angemessener Weise Rechnung getragen werden, dies gilt auch bezüglich Aus- und Weiterbildung und der persönlichen Lebensplanungen.
- Personalkosten sind im Rahmen einer gesamten Unternehmensplanung einzuhalten.
Teilweise werden Personalkosten auch als variabel bezeichnet, also dem jeweiligen Beschäftigungsgrad des Unternehmens anpassbar. Dies gilt jedoch nur eingeschränkt und unter längerfristiger Perspektive. Ursachen hierfür sind insbesondere die **Kündigungsfristen** und **Schutzbestimmungen** sowie zum Teil erhebliche **Kosten bei der Personalfreisetzung oder Neueinstellung** und Einarbeitung.
Bereitgestellte, aber nicht sinnvoll nutzbare Arbeitsleistung ist in aller Regel zu entgelten, zeitliche Mehrleistungen meistens mit zusätzlichen Zuschlägen belastet.

Zuverlässige Planungen haben wesentliche Auswirkungen auf die Wirtschaftlichkeit des Personaleinsatzes und letztlich auf den Unternehmenserfolg. Wesentliche Pläne zur Personalbereitstellung sind:
- **Personalbedarfsplan**: Dieser ergibt sich aus den Anforderungen der einzelnen Unternehmensbereiche in quantitativer und qualitativer Aufschlüsselung.
- **Personalbestandsplan**: Aus ihm ist erkennbar, welches Personal zur Verfügung steht; er wird aus dem aktuellen Personalbestand unter Berücksichtigung der bereits absehbaren Veränderungen entwickelt, beispielsweise durch Pensionierung, schon erfolgte Kündigungen und Freisetzungen oder Rückkehr aus früheren Freisetzungen.
- **Personalveränderungsplan**: Dieser ergibt sich aus dem Vergleich der beiden vorgenannten Pläne und zeigt an, welche Personalbereitstellung nach Anzahl und Qualifikation noch erforderlich wird. Insoweit ist er Basis für die Maßnahmen weiterer Teilpläne:
- **Umsetzungsplan**: In ihm wird festgehalten, inwieweit freie Stellen durch Beförderung oder Versetzung ausgefüllt werden sollen.
- **Freistellungsplan**: Dieser wird erforderlich, wenn ein Personalüberhang besteht; hier sind Kündigungsfristen sowie Schutzbestimmungen zu beachten, eventuell können ein Sozialplan oder Abfindungszahlungen fällig werden.
- **Personalbeschaffungsplan**: Er gibt an, in welchem Umfang Neueinstellungen vorzunehmen sind, da frei werdende Stellen nicht aus den internen Reihen besetzt werden können.

- **Einsatzplan**: Durch ihn erfolgt die kurz- oder mittelfristige »Feinabstimmung«, indem unter Berücksichtigung der noch unbesetzten Stellen und bereits erkennbarer Abwesenheit, z.B. durch Urlaub, Krankheit oder sonstige Freistellungen, ein Ausgleich zwischen Bereitstellung und Bedarf erfolgt. Ggf. ist dabei auch über Überstunden oder Sonderschichten zu entscheiden bzw. Kurzarbeit oder Feierschichten bei mangelnder Beschäftigungslage.

Sowohl bei Umsetzungen als auch bei Veränderungen der Arbeitsanforderungen, aber auch generell zur Verbesserung der Leistungsfähigkeit können **Personalfortbildungspläne** aufgestellt werden, die Teil der Personalentwicklung sind.

Personaleinstellung

Sie ist Teil der Personalbeschaffung. In aller Regel geht ihr eine Personalsuche (beispielsweise über den Arbeitsmarkt, Personalanzeigen, Personalberater oder Zusammenarbeit mit Hochschulen etc.) voraus, an die sich Bewerbungen und das Auswahlverfahren anschließen. Sie endet mit dem Abschluss eines Arbeitsvertrages, der grundsätzlich formlos, in aller Regel aber schriftlich geschlossen wird.

Bei der Personaleinstellung sind ggf. Mitbestimmungsrechte des Betriebsrates zu beachten.

Personalplanungen sollten sich nicht nur an kurzfristigen Überlegungen orientieren, sondern in die strategische Planung des Unternehmens eingebunden sein.

Frage 6-D-02 — **Wie setzen sich die Personalkosten zusammen?**

Personalkosten

Die Personalkosten ergeben sich aus dem Personaleinsatz. Zusätzlich fallen im Personalwesen weitere Kosten an, z.B. für Stellenanzeigen, Fortbildungsmaßnahmen, etc.

Personalkosten sind die Gegenleistung für die beanspruchten Arbeitsleistungen. Dazu gehören zum einen das Entgelt, das den jeweiligen Arbeitnehmern auf Grund tarifvertraglicher und/oder einzelvertraglicher Regelung zusteht. Hinzu kommen Nebenkosten, die entweder gesetzlich oder tarifvertraglich geregelt oder freiwillig gewährt werden.

Entlohnung

Alle geldlichen Leistungen des Unternehmens an den Mitarbeiter bilden das Entgelt. Hierzu zählen auch so genannte »geldwerte Vorteile«, wie z.B. die private Nutzung eines Dienstwagens, einer Dienstwohnung etc.

Eine absolute Lohngerechtigkeit gibt es mangels allgemein gültiger objektiver Bewertungsmaßstäbe nicht. Insoweit ist eine »richtige« Lohnbemessung ein zentrales Problem des Personalwesens:

- Zum einen muss die Entlohnung von den betreffenden Mitarbeitern als angemessen angesehen werden, denn sie steht im unmittelbaren Zusammenhang zu seiner Leistungsbereitschaft. Der Arbeitslohn hat also auch eine motivierende Wirkung.
- Zum anderen soll dem Gedanken einer »relativen« Lohngerechtigkeit entsprochen werden, d.h., die einzelnen Entgelte sollen untereinander in einer Gleichheit oder Abstufung von den Betroffenen als weit gehend berechtigt

empfunden werden. Dabei stellt die Berücksichtigung sozialer, nicht unmittelbar leistungsbezogener Aspekte eine zusätzliche Problematik dar.
- Hinzu kommen kollektive Regelungen, beispielsweise durch Betriebsvereinbarungen und Tarifvertrag.
- Nicht zuletzt ist der Situation auf dem Arbeitsmarkt Rechnung zu tragen, z.B., wenn bei bestimmten Fachrichtungen einem knappen Angebot eine erhöhte Personalnachfrage der Unternehmungen gegenübersteht.
- Für das Unternehmen sind die Entgelte Kosten, die letztendlich in die Kalkulation der Preise für die erbrachten Leistungen eingehen müssen. Auf Einzelheiten der Arbeitsbewertung kann hier nicht eingegangen werden; jedoch sind nachfolgende Grundzüge aufgezeigt.

Bei den Lohnformen ist grundsätzlich zwischen einem **Zeitlohn/Gehalt** und einem **Leistungslohn** zu unterscheiden, der wiederum unterschiedlich gestaltet werden kann, z. B. in Form eines Prämienlohns (Prämiensystem, Umsatz- oder Erfolgsbeteiligung) oder eines Akkordlohns (Geldakkord, Zeitakkord). Leistungslöhne können nach Einzel- oder Gruppenleistungen bemessen werden.

Neben dem Grundgehalt können **Zusatzleistungen** gezahlt werden:
- Als Entgelte für besondere Leistungen, z.B. Erfindervergütungen, Provisionen und Prämien für Verbesserungsvorschläge.
- Als Zulage, z.B. für Anlernzeiten und Einarbeitung sowie als Leistungs-, Funktions-, Bereitschafts- und Erschwerniszulage.
- Als Zuschläge für Mehrarbeit, beispielsweise Überstunden, Sonn- und Feiertage, Schicht- und Nachtarbeit.

Neben den Vergütungen für tatsächlich geleistete Arbeitszeiten ergeben sich noch **Zahlungen für Fehlzeiten**, z.B. Krankheit oder Freistellungen sowie sonstige Ausfallzeiten wie gesetzliche Feiertage, Urlaub einschließlich Bildungsurlaub.

Nebenkosten

Für das Unternehmen ergeben sich aus der Personalbeschäftigung zusätzliche Nebenkosten, die kein leistungsbezogenes Entgelt für die Mitarbeiter darstellen. Zu ihnen zählen:
- **Gesetzliche Nebenkosten** wie Arbeitgeberanteil bei den verschiedenen Zweigen der Sozialversicherung sowie Beiträge zur Berufsgenossenschaft u.Ä.
- Auf Grund von **Tarifverträgen** können zusätzliches Urlaubsgeld, Sonderzahlungen wie Gratifikationen, 13. Monatsentgelt etc. sowie Leistungen zur Vermögensbildung oder Beihilfen anfallen.
- **Freiwillige Zuwendungen** können allen Belegschaftsmitgliedern oder ausgewählten Gruppen zugute kommen; man unterscheidet soziale Maßnahmen, die dem Mitarbeiter direkt zukommen, sowie soziale Einrichtungen im Rahmen der Personalbetreuung.

Hinweis:
Lohnsteuer, Kirchensteuer, Solidaritätszuschläge sowie die Arbeitnehmeranteile zu den Sozialversicherungen stellen für das Unternehmen keine Personalkosten dar. Sie sind vom Mitarbeiter zu tragen, werden also von seinem Bruttolohn einbehalten und durch das Unternehmen an das Finanzamt bzw. die Sozialversicherungsträger abgeführt.

Frage 6-D-03

Personalverwaltung, Personalentwicklung

Welche zusätzlichen Aufgaben sind in der Personalverwaltung und der Personalentwicklung zu erfüllen?

Personalverwaltung

Die Aufgaben leiten sich unmittelbar aus den Zielen des Personalwesens ab. Dabei ist die Einhaltung umfangreicher rechtlicher Vorschriften zu beachten, z.B. des Arbeits-, Steuer- und Sozialversicherungsrechts. Fehlerhafte Abrechnungen führen zu Haftungsverpflichtungen des Unternehmens. Bei der Abwicklung der Arbeit sind die Bestimmungen des Datenschutzes einzuhalten.

Zur Personaladministration gehören alle organisatorischen Maßnahmen, wie Führen der Personalakten, Erstellung individueller Arbeitspapiere und Abrechnungen für die Mitarbeiter sowie eine Reihe von Statistiken, teilweise von außen angefordert, aber auch für das Unternehmen.

Die Personalbuchhaltung im weitesten Sinne ist für die Lohn- und Gehaltsabrechnung zuständig einschließlich der Einbehaltung und Abführung von Lohnsteuer und Versicherungsbeiträgen etc. sowie erforderliche An- und Abmeldungen. Die Personalverwaltung ist Ansprechpartner für die einzelnen Mitarbeiter, aber auch für den Betriebsrat oder andere Mitarbeitervertretungen.

Personalentwicklung

Einerseits sind Kenntnisse und Fähigkeiten zu vermitteln, die für eine optimale Erledigung der im Unternehmen gestellten Aufgaben erforderlich sind. Im Rahmen der Persönlichkeitsentwicklung zielen Fortbildungsmaßnahmen zum Teil auch auf Verhaltensveränderungen oder Entwicklungen ab, z.B. in Bezug auf die Teamfähigkeit in Arbeits- und Projektgruppen oder in Vorbereitung auf eventuelle Führungsaufgaben. Hierzu gehört ebenfalls die Motivation der Mitarbeiter, um eine Verbesserung der Zusammenarbeit im Unternehmen zu fördern. Dabei ergibt sich eine enge Berührung zur so genannten Organisationsentwicklung. Sie stehen im engen Zusammenhang zu der in den nachfolgenden Fragen noch zu behandelnden Mitarbeiterführung und den Führungsstilen.

Die Maßnahmen einer Personalentwicklung werden meist untergliedert in:

- **Ausbildung**: Hierunter wird üblicherweise die berufliche Erstausbildung in einem Betrieb verstanden. In Deutschland erfolgt sie grundsätzlich im sog. »dualen System«: für die praktische Ausbildung ist der Betrieb zuständig, die schulische (Berufsschule) ist Teil des staatlichen Bildungssystems.
- **Fortbildung**: Aufbauend auf bereits erworbenen beruflichen Kenntnissen geht es bei der Fortbildung um die weitere Qualifizierung für die aktuellen Anforderungen. Oft wird synonym der Begriff **Weiterbildung** verwendet, der jedoch vielfach auch im Sinn einer weiteren Qualifizierung für etwas Neues verstanden wird (Beispiel: ein Kaufmann arbeitet sich zusätzlich in einen Technikbereich ein). Es kann weiter unterschieden werden in:
  – Anpassungsfortbildung, orientiert an Veränderungen des Arbeitsplatzes,
  – Erweiterungsfortbildung, Erwerb zusätzlicher Berufsfähigkeiten,
  – Aufstiegsfortbildung, insbesondere zur Übernahme weiterer Aufgaben, z.B. auch Führungsaufgaben.

Die Fortbildung kann entweder direkt am Arbeitsplatz erfolgen oder durch spezielle (externe oder interne) Schulungs- und Trainingsmaßnahmen.

- **Umschulung**: Hierunter wird die berufliche Neuorientierung eines Mitarbeiters verstanden, der im Rahmen seiner weiteren Ausbildung einen anderen Beruf als den bisher ausgeführten erlernt. Zielgruppen können Mitarbeiter sein, deren bisherige Aufgaben entfallen, oder von außen eingestellte Umschüler.

Alle Maßnahmen orientieren sich zum einen am aktuellen Bedarf. Daneben wird der strategische Aspekt der Personalentwicklung jedoch zunehmend Beachtung finden, indem Personalvorsorge mehr ist als die reine Reaktion auf erwarteten oder gar bereits schon eingetretenen Personalbedarf.

Was bedeutet Mitarbeiterführung im Rahmen der (Unternehmens-)Führung?

Frage 6-D-04
Mitarbeiterführung

In der Literatur gibt es eine Vielzahl von Definitionen für »Führung«, die teilweise, je nach Betrachtungsgegenstand, die Akzente unterschiedlich setzen oder Führung – beispielsweise in Abgrenzung zum Begriff »Management« – auf Personalführung begrenzen (teilweise gerade umgekehrt). Allen gemeinsam ist die Ausrichtung des Handelns von Individuen und Gruppen (und deren Beeinflussung) auf die Realisierung vorgegebener Ziele im Rahmen einer sozialen Beziehungsstruktur (Organisation) und daraus resultierenden Zu- und Unterordnungen.
Eine Begriffsbestimmung:

»Führen ist die zielgerichtete Gestaltung, Steuerung und Überwachung einer Unternehmung/Organisation als sozio-technisches System im Hinblick auf sachbezogene und personenorientierte (individuelle und kollektive) Dimensionen, wobei zugleich die Wechselbeziehungen zu den Umfeldbedingungen und der jeweiligen Situation zu beachten sind.«

Auf die daraus abzuleitenden Führungsaufgaben wird in Kapitel 7 eingegangen. Gegenstand hier ist die Mitarbeiterführung, die jedoch nicht allein auf psychologische und soziale Fähigkeiten einer Person im Umgang mit Menschen verengt werden kann. Im Wesentlichen sind drei Dimensionen zu beachten:

- *Sach- und Aufgabenorientierung*: Der Mitarbeiter ist im Hinblick auf die zu erbringende Leistung anzuleiten, orientiert an den Unternehmenszielen und den Vorgaben der jeweiligen Aufgabenbereiche.
- *Personen-/Mitarbeiter-Orientierung*: Hier geht es darum, soweit als möglich die Belange der Mitarbeiter zu berücksichtigen, auf ihre jeweilige Individualität einzugehen, sie weit gehend ihren Neigungen und Fähigkeiten entsprechend einzusetzen, ihre Motivation zu fördern ebenso wie ihrem Bedürfnis nach Weiterentwicklung, etc. Rechnung zu tragen.
- *Beachtung der Umfeldbedingungen der jeweiligen Situation*: Hiermit wird darauf hingewiesen, dass Mitarbeiterführung nichts Abstraktes und Theoretisches ist, sondern sich immer wieder unter den verschiedensten Gegebenheiten im betrieblichen Alltag bewähren muss.

Sowohl die Bedingungen der betrieblichen Organisation als auch das Führungsverhalten der Vorgesetzten ist Teil der Umfeldbedingungen für den Mitarbeiter und beeinflusst seine Leistung. Insoweit werden Personal- und Organisations-Entwicklungen in ihrer gegenseitigen Beeinflussung zu sehen sein. Dies gilt insbesondere für die Anpassung des Unternehmens an sich verändernde Umfeldbedingungen, wobei auch von Lernenden Organisationen gesprochen wird, die sich jedoch letztendlich durch lernbereite Mitarbeiter verwirklichen. Hierzu Voraussetzungen und Ansporn zu bieten gehört gleichfalls zur Mitarbeiterführung. Inwieweit es dabei gelingt, Fähigkeiten und Bereitschaft der Mitarbeiter zu wecken, zu fördern und für das Unternehmen zu sichern, beeinflusst wesentlich die Wettbewerbsfähigkeit eines Unternehmens. Insoweit wirkt sich gute Mitarbeiterführung letztendlich auch positiv für die Erreichung der Unternehmensziele aus.

Frage 6-D-05 Welche Bedeutung hat der Führungsstil in diesem Zusammenhang?

Führungsstil Was unter Führungsstil zu verstehen sei, ist in der Literatur immer wieder mit gewissen Varianten beschrieben worden; hier soll von folgender Definition ausgegangen werden:

»Führungsstil ist die Grundhaltung und das sich daran orientierende Verhaltensmuster, mit dem jemand seine Führungsaufgaben, bezogen auf andere – Einzelpersonen oder Gruppen – wahrnimmt.«

In der Literatur sind inzwischen mehr als 50 Führungsstile und Führungsmodelle beschrieben worden. Teilweise handelt es sich um sehr unterschiedliche Ansätze, teilweise eher um Varianten. Auf Einzelheiten einzugehen würde den Rahmen einer Einführung sprengen. Auf die Bedeutung mehrdimensionaler Führungsstile, die beispielsweise die bereits in der vorigen Frage angesprochene Personen- und Sachorientierung behandeln, sei hier nur hingewiesen.

In Konzentration auf die als eindimensional bezeichneten Führungsstile wird von den so genannten **klassischen Führungsstilen** ausgegangen:
- Autoritärer (imperativer) Führungsstil,
- kooperativer Führungsstil,
- Laisser-faire-Führungsstil.

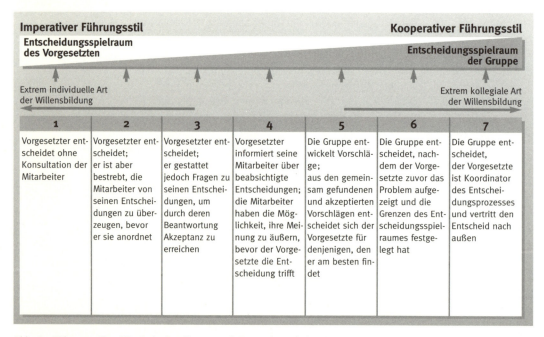

Abb. 6.1: Führungsstile – Mitarbeiterbeteiligung nach Tannenbaum/Schmidt

Da letzterer im Sinne eines »Laufenlassens«, eines eher Nichtführens, zu schlechteren Ergebnissen führte, erfolgt weit gehend eine Konzentration auf die beiden anderen. Weil sie in der Praxis jedoch selten in Reinkultur anzutreffen sind, hat die in Abb. 6.1 gezeigte Darstellung von Tannenbaum/Schmidt weite Verbreitung gefunden, die prägnant entsprechende Zwischenstufen aufzeigt.

Hierauf aufbauend, hat der Verfasser die in nachfolgender Abbildung aufgezeigte erweiterte Darstellung zum integrativen Führungsstil vorgenommen. Zugleich wird hierbei der Laisser-faire-Führungsstil als das nachlassende Engagement, das Nicht-Führen der Führungskraft ohne entsprechende Vorbereitung der Mitarbeiter veranschaulicht, sodass sie nicht, wie beim kooperativen Führungsstil, ihrerseits einen engagierten Spielraum erhalten.

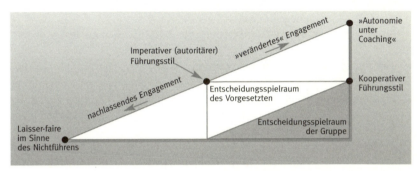

Abb. 6.2: Erweiterte Darstellung zum integrativen Führungsstil

Der integrative Führungsstil, auch »Autonomie unter Coaching«, ist in dieser Abbildung dadurch gekennzeichnet, dass sich mit steigendem Entscheidungsspielraum der Gruppe Aufgaben und Engagement der Führungskraft zwar verlagern, aber erhalten bleiben.

Daraus lassen sich zwei Aufgabenschwerpunkte ableiten:
- **Coaching**: Die Führungskraft bleibt als »Coach« verantwortlich, die Mitarbeiter vorzubereiten und darin zu unterstützen, die in ihrem Arbeitsbereich liegenden Problemstellungen weit gehend selbstständig zu lösen; der Vorgesetzte unterstützt die Mitarbeiter in dem Sinne, sie bei weit gehender Selbstständigkeit (Autonomie) zu Spitzenleistungen zu befähigen.
- Als »**Manager**« ist die Führungskraft im Sinne eines Koordinators zuständig, die notwendigen Rahmenbedingungen zu schafffen und dem Team die erforderlichen Ressourcen zur Verfügung zu stellen; hierzu gehören auch klare Zielvorgaben sowie die Abstimmung innerhalb des Unternehmens mit der Geschäftsleitung und den übrigen Bereichen.

7 Führung und Organisation

Frage 7-A-01

Führung/Organisation

Welche Führungsaufgaben leiten sich aus der Führungsdefinition ab? Welcher Zusammenhang besteht zur Organisation?

Führung wurde bereits im vorangegangenen Kapitel im Zusammenhang mit Mitarbeiterführung definiert:

Führung ist die zielgerichtete Gestaltung, Steuerung und Überwachung einer Unternehmung/Organisation als sozio-technisches System im Hinblick auf sachbezogene und personenorientierte (individuelle und kollektive) Dimensionen, wobei zugleich die Wechselbeziehungen zu den Umfeldbedingungen und der jeweiligen Situation zu beachten sind.

Als Dimensionen für die Führungsaufgaben leitet sich daraus insbesondere ab:

- **Gestaltung, Steuerung und Überwachung**: Dabei besteht ein formal enger Bezug zu den nachfolgend noch zu behandelnden Führungsfunktionen im Prozessablauf, wobei hier bewusst der Begriff »Gestaltung« an Stelle der häufig verwendeten Bezeichnung »Planung« gewählt wurde, da auch im Rahmen der Steuerung und Überwachung geplant wird.
- **Zielgerichtetheit**: Da Erfolg als Grad sowie Art und Weise der Zielerreichung anzusehen ist, betont dieser Hinweis, dass im Mittelpunkt als Maßstab erfolgreichen Wirtschaftens Zielklarheit und Zielorientierung die Grundlage zur Zielverwirklichung sind.
- **Unternehmen als sozio-technisches System**: Auf diesen Aspekt wurde schon mehrfach hingewiesen, insbesondere auch auf die Sicht, das Unternehmen nicht nur rational und nach wirtschaftlichen/technischen Regeln sich vollziehend zu sehen, sondern zugleich auch als soziales Gebilde zu begreifen.
- **Sach- und Personenorientierung**: Dies steht im engen Zusammenhang auch zum vorgenannten Punkt und wurde ebenfalls im vorangegangenen Kapitel angesprochen, wenn auch dort der Personenbezug im Vordergrund stand. Für die Führungskraft bedeutet dies, dass neben Fachwissen auch die so genannte soziale Kompetenz bedeutsam ist.
- **Umfeldbedingungen und Situation**: Dies betont die Einbindung des Unternehmens in seinem Umfeld (siehe u.a. Frage 1-D-09) und die Notwendigkeit, die sich daraus ergebenden Abhängigkeiten zu beachten; Führung ist demnach nicht nur nach innen, sondern auch nach außen gerichtet.

Organisation kann als die auf den jeweiligen Zweck ausgerichteten Ordnungsstrukturen und Regelungen verstanden werden.

Sie ist damit ein wesentliches Hilfsmittel der Führung, ihre Konzeptionen umzusetzen. Während die Rechtsform die juristische Struktur bestimmt, wird durch die Organisation die innere Struktur eines Unternehmens gestaltet.

Im Sprachgebrauch wird auch davon gesprochen, dass eine Unternehmung eine **Organisation** ist bzw. **organisiert** wird. Dies betont die institutionale bzw. funktionale Sichtweise. Nachfolgend steht der instrumentale Aspekt im Sinne im Vordergrund, dass eine Unternehmung eine Organisation hat. Dies ist die Ordnung, die – zumeist auf längere Zeit angelegt und generell verbindlich – einem

Unternehmen gegeben wird, um, im Gegensatz zur Improvisation, den einzelnen Stellen Zuständigkeiten, Kompetenzen und Verantwortung zuzuteilen und Abläufe zu regeln. Traditionell wird gegliedert in:
- Aufbauorganisation,
- Ablauforganisation sowie – zunehmend als gesonderten Bereich –
- Organisation des Informationswesens.

Wie können Führungsfunktionen gegliedert werden?

Frage 7-D-01

Funktionen der Führung

Die Führungsfunktionen werden unterschiedlich gegliedert. Traditionell ist eine Dreiteilung:
- Planung, Organisation, Überwachung,
- Entscheidung, Durchführung, Kontrolle oder
- Planung, Durchführung, Kontrolle.

Auf E. Heinen und die von ihm vertretene Entscheidungsorientierte Unternehmensführung gehen die zwei Phasen Willensbildung und Willensdurchsetzung zurück, letztere jedoch wieder unterteilt in Durchführungs-/Realisationsphase und Kontrollphase; die Willensbildung als Entscheidungsprozess gliedert sich in Anregungs-, Such- und Auswahl-/Optimierungsphase.

Ähnlich kommt auch der Managementkreis (siehe Abb. 7.1) zu fünf Schritten und letztendlich auf drei Phasen im Prozess.

Abb. 7.1: Managementkreis

Teilweise werden auch ganze Funktionskataloge des Führens entwickelt, wobei sich manchmal funktionsbezogene Sichtweisen mit institutionsorientierten Strukturelementen mischen.

Sach- ebenso wie personenbezogene Aspekte gehen einerseits in die Zielbestimmung ein und prägen insbesondere die Aufgaben der Führung bei der Umsetzung und Kontrolle. Insoweit können fünf Funktionen abgeleitet werden:

1. **Zielbestimmung**: Sie erfolgt durch Planen und Entscheiden, wobei zugleich ein Ausgleich der verschiedenen Ziele im Unternehmen zu finden ist (siehe auch Frage 7-D-04); sie betrifft die gedankliche Vorwegnahme dessen, was sein soll.
2. **Aufgabenverteilung und Koordination**: Durch Gliederung und Analyse des Unternehmens als umfassendes Gebilde sowie seiner komplexen Gesamtaufgaben werden die einzelnen Teilbereiche und Prozesse deutlich, die andererseits wiederum in Abstimmung zueinander zu bringen sind – ihnen dient in der Struktur und Ablaufgestaltung die Organisation.

3. **Anleitung anderer zum Handeln**: Diese Funktion betont den mitarbeiter-, personenbezogenen Aspekt, beispielsweise auch in der Mitarbeiterführung.
4. **Kontrolle** (sachbezogen): Geplante und realisierte Größen werden verglichen, treten Abweichungen auf, sind diese zu analysieren, Ursachen zu erforschen sowie Informationen und Anregungen für eine geeignete Gegensteuerung bereitzustellen.
5. **Auswahl, Förderung und Bewertung der Mitarbeiter**: Hierin kommt der personenbezogene Aspekt der Überprüfung zum Ausdruck, aus dem eventuell Handlungsbedarf für den Personal-und Fortbildungsbereich abgeleitet werden kann.

Frage 7-D-02   **In welcher Weise können Management-/Führungsebenen eingeteilt und zugeordnet werden?**

Budet, Führungsebenen, Management

Teilweise werden die Begriffe Management-bzw. Führungsebene oder Führungs- bzw. Unternehmens-Hierarchie als Einteilung der Führungskräfte verstanden – in die oberste (Top), mittlere oder untere Führungs-/Management-Ebene, bezogen auf Zuteilung von Weisungs- und Entscheidungsbefugnissen. Dies wird im Rahmen der Aufbauorganisation behandelt (siehe Frage 7-D-05). Management-Ebenen werden hier bezogen auf die Phasen einer zielorientierten Unternehmensführung – siehe Abb. 7.2 – wobei die Führung neben der Planung auch für die Umsetzung und Überwachung auf den jeweiligen Ebenen verantwortlich ist.

In der Literatur gibt es eine Reihe unterschiedlicher Einteilungen, z.B.:
- Zweiteilung: Strategische und operative Ebene (die Festlegung der Unternehmensziele ist dann zumeist in den strategischen Bereich integriert),
- Dreiteilung, der hier gefolgt wird: Normative (Unternehmensziele etc.), strategische und operative Ebene.

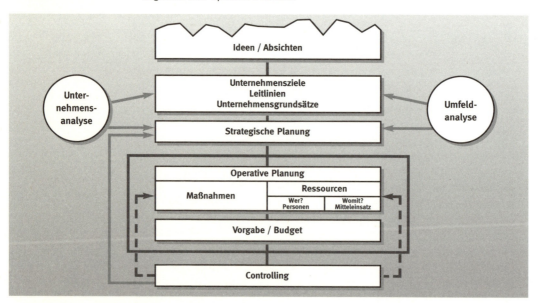

Abb. 7.2: Phasen zielorientierter Unternehmensführung

- Manchmal wird zusätzlich eine taktische Ebene ausgewiesen, teils zwischen strategischer und operativer angesiedelt, teils aber unterhalb der operativen Ebene. Manches mag für eine zusätzliche Einteilung sprechen, andererseits gehen in der begrifflichen Abgrenzung Trennschärfen verloren. Je nachdem, von welcher Grundkonzeption ausgegangen wird, ergibt sich eine drei- oder viergliedrige Einteilung.

Ergänzend zu Abb. 7.2 zeigt folgende Tabelle die Zusammenhänge der drei vorgenannten Ebenen im integrativen Management:

Prägungen \ Elemente	Management		
	normatives	strategisches	operatives
Struktur	Unternehmensverfassung	Organisationsstruktur Managementsysteme	Organisatorische Prozesse Dispositionssysteme
Verhalten	Unternehmenskultur	Problemlösungsverhalten	Leistungs- und Kooperationsverhalten
Orientierung	Visionen Leitideen	Schaffung künftiger Erfolgspotenziale	Nutzung bestehender Erfolgspotenziale
Umsetzung	↳	Konzepte Programme	Aufträge Maßnahmen Ressourcenzuteilung
Aktivitäten		↳	z. B. Budget Handlungsabläufe

Auf die drei Ebenen wird nachfolgend noch kurz eingegangen, ebenso wie ergänzend zum Controlling, welches die Unternehmensführung unterstützt und entsprechend auch in der Abbildung 7.2 zusätzlich aufgenommen wurde.

Was kennzeichnet das normative und das stratetische Management im Einzelnen und wie grenzt sich das strategische gegen das operative ab?

Frage 7-D-03

Unterscheidung der Managementebenen

Normatives Management

Aus Visionen und übergeordneten Ideen für das Unternehmen leiten sich die Unternehmensziele ab. Sie bilden die unternehmenspolitische Rahmenplanung in Form allgemeiner Grundsätze, z.B.:
- zum Unternehmensgegenstand,
- zur Mitarbeiterführung,
- zum Verhältnis gegenüber eventuellen Beteiligungsgesellschaften,
- zum Umgang mit Geschäftspartnern etc. sowie
- zunehmend zur gesellschaftspolitischen und ökologischen Verantwortung.

Sie sind übergreifende Leitlinien, welche die Identität, die »Corporate Identity« eines Unternehmens nach innen und nach außen prägen. Einerseits sollen sie weit gefasst werden und auf das Wesentliche im Sinne einer langfristigen Kontinuität konzentriert sein; andererseits müssen sie konkret genug sein, um als

Richtschnur für abgeleitetes Handeln zu dienen. Im Sinne einer Unternehmensverfassung legen sie die Grundstruktur fest, auch für die organisatorische Gestaltung; im Sinne eines Verhaltenskodex prägen sie die Unternehmenskultur. Sie ist orientiert an den Visionen und Leitideen des Unternehmens bzw. seiner Gründer oder der in oberster Verantwortung Stehenden. Durch die Umsetzung auf den nachfolgenden Ebenen ist sie mit Leben zu erfüllen.

Strategisches Management
Im Rahmen der strategischen Planung werden konkrete Ziele abgeleitet und grundsätzliche Wege zu ihrer Erreichung aufgezeigt.

Hier gilt es vor allem, zukünftige Erfolgspotenziale zu erkennen, aufzubauen und zu sichern, um langfristig Existenz, Erträge und Entwicklung des Unternehmens zu gewährleisten.

Der Entwicklung von Strategien gehen zweckgerichtete Analysen voraus, die sich jedoch nicht nur auf die gegenwärtige Situation konzentrieren, sondern auch zukünftige Entwicklungen einbeziehen, z.B. durch Prognosen und Trendanalysen auf dem Markt und dem weiteren Umfeld. Die **Umfeldanalyse** soll Chancen und Risiken, die der Markt und seine Entwicklung bieten, erkennbar machen. Durch die **Unternehmensanalyse** werden dessen Stärken und Schwächen deutlich. Beide Bereiche sind in ihrer Abhängigkeit zueinander zu betrachten.

Im Mittelpunkt der Strategieentscheidungen stehen:
- **Strategische Wettbewerbsvorteile**, d.h. die Fähigkeit des Unternehmens, auf seinem Marktsegment mit seinen Leistungen besser zu sein als der Wettbewerber, und zwar bewertet aus der Sicht des Kunden (Kundennutzen).
- **Auswahl geeigneter Geschäftsfelder**, die einerseits ausreichendes Wachstumspotenzial erwarten lassen und auf denen sich das Unternehmen andererseits erfolgreich behaupten kann.
- **Entwicklung von Strategien**, wie das Unternehmen auf diesen Geschäftsfeldern agieren will; der Erfolg zeigt sich insbesondere in den relativen und absoluten Marktanteilen.

Die Innovationsfähigkeit eines Unternehmens unterstützt die strategische Aufgabe, zukünftige Erfolgspotenziale aufzubauen und zu sichern.

In der Verfolgung des Wirtschaftlichkeitsprinzips steht die Effektivität im Vordergrund, also, »die richtigen Dinge zu tun«.

Operatives Management
Hier steht im Vordergrund, im Sinne von Effizienz »die Dinge richtig zu tun«. Dies bedeutet das Streben nach einer optimalen Relation zwischen Output und Input, einem bestmöglichen Ergebnis. Damit ist das operative Management **ergebnisorientiert** und ausgerichtet auf die **Nutzung vorhandener Erfolgspotenziale**.

Häufig wird die Ansicht vertreten, dass das operative Management im Wesentlichen die Umsetzung des strategischen sei. Dies erscheint als eine zu enge Sicht – beide Bereiche sind von unterschiedlichen Denkansätzen geprägt:
- die strategische an Aufbau und Sicherung zukünftiger Potenziale,
- die operative an der sinnvollen Nutzung bestehender.

Anders ausgedrückt kann man auch sagen: Die operative Planung orientiert sich am Engpass, die strategische versucht, Engpässe zu beseitigen.

Frage 7-D-04

Woran orientieren sich das operative Management bzw. die operative Planung und was umfassen sie?

Operative Planung

Zum Aufbau künftiger (strategischer) Erfolgspotenziale ist in aller Regel der Einsatz von (sachlichen und personellen) Ressourcen erforderlich, die damit nicht für die Nutzung zur Erzielung von Erträgen in der laufenden Periode (einer wesentlichen Messgröße für das operative Management) zur Verfügung stehen. Insoweit folgt das operative Management nicht nur dem strategischen, sondern kann auch zu ihm in einem Spannungsverhältnis stehen, das es im Rahmen eines integrativen Managements zu beurteilen und zu entscheiden gilt (z.B. Ertragsrealisierung jetzt oder Aufbau künftiger Erfolgspotenziale).

Jedoch sollte sich das operative Management an den Leitlinien der strategischen Planung orientieren, um beispielsweise bei Alternativentscheidungen über den Einsatz begrenzter Ressourcen weniger vergangenheitsbezogen zu denken, sondern zukünftige Entwicklungen und Chancen zu beachten.

In der operativen Planung werden für einen **überschaubaren Zeitraum** (zumeist ein Jahr, häufig unterteilt in Monats-/Quartals-Abschnitte) die konkreten Aufgaben (Zielvorgaben) sowie die **geeigneten Maßnahmen** festgelegt. Zur Durchführung der Maßnahmen sind, bezogen auf Personal- und Sachmittel, entsprechende Ressourcen bereitzustellen. Es geht um die Fragen: Wer tut was (wozu), womit und wann? Restriktionen sind die verfügbaren Ressourcen. Bei einer Entscheidung über Alternativen ist die effizienteste auszuwählen.

Eine besonders weit gehende Fixierung operativer Planung ist das **Budget**, indem zugleich auch der Mitteleinsatz für Strategieumsetzung bereitzustellen ist:

Mit dem Budget werden einer organisatorischen Einheit (beispielsweise einer Abteilung, einem Profitcenter, einem Projekt etc.) für die Erledigung und Durchführung der ihr übertragenen Aufgaben (Zielvorgaben, Maßnahmen) bestimmte Mittel (ausgedrückt als finanzielle Zielgrößen) für einen festen Zeitraum (Planungsperiode) zur Verfügung gestellt.

Mit der Erstellung eines Budgets gewinnt die Planung einen besonders hohen Grad an Detaillierung, Transparenz und Verbindlichkeit. Abb. 7.3 auf S. 96 zeigt die Überleitung operativer Planung zur Budgetierung, die (soweit vorhanden) in den Bereich des Controlling fällt, zumindest von diesem unterstützt wird.

Frage 7-D-05

Inwieweit unterstützt Controlling die Führung?

Controlling

Das Controlling unterstützt das Unternehmen in den Zielbildungs-, Planungs-, Realisierungs-, Kontroll- und Informationsprozessen, während die Umsetzung in der Verantwortung der Geschäftsführung bzw. der entsprechenden Bereichsleiter verbleibt.

Zugleich steht Controlling für eine zielorientierte und auf Überprüfbarkeit ausgerichtete Führungskonzeption im Sinne einer Ergebnissteuerung durch Zahlen. Der Begriff leitet sich vom englischen Verb »to control« ab, das mit lenken, steuern, regeln, planen, kontrollieren, überwachen etc. zu übersetzen ist. Dies zeigt, dass Controlling weit über die verwandt klingende Bezeichnung »Kontrolle« hinausgeht. Das Controlling kann sowohl das strategische als auch das operative Management unterstützen.

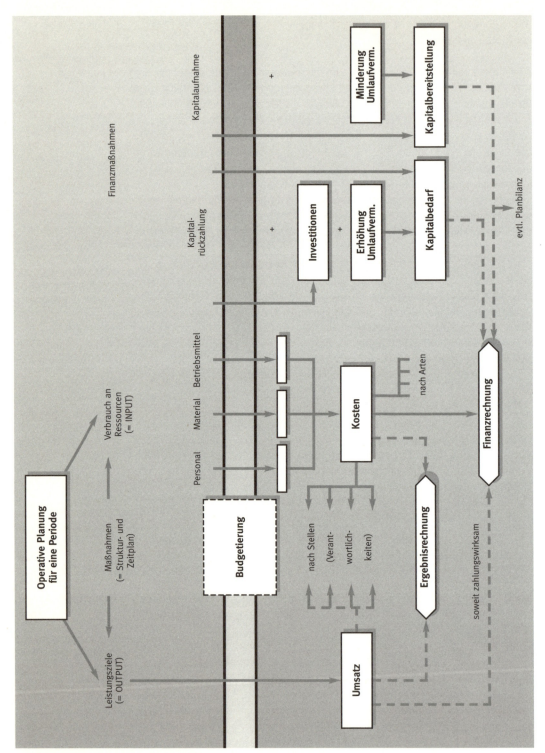

Abb. 7.3: Operative Planung und Budgetierung

Wesentliche Controlling-Funktionen sind (unabhängig, ob und in welcher Form eine selbstständige Abteilung installiert wird):
- Aufbereitung und Zurverfügungstellung von Informationen einschließlich eines entsprechenden Berichtswesens;
- Unterstützung und Aufeinander-Abstimmung der Planung im gesamten Unternehmen und für die einzelnen Bereiche, z.B. auch durch Budgetierung und entsprechend einheitliche Richtlinien;
- Feststellung von Abweichungen (z.B. Soll-Ist-Analyse), Ursachenanalyse, etc.

Wieso sind Ziele entscheidend? Welche Kriterien sind zu beachten?   Frage 7-D-06

Ziele

Erfolg wird an der Zielerreichung gemessen. Um Planungen und Handlungen erfolgsorientiert auszurichten, bedarf es also einer Zielklarheit. Ziele sind die gedankliche Vorwegnahme künftiger Entwicklungen und Handlungen. Sie stehen zugleich für die Überlegungen am Anfang und für das Resultat am Ende.

Ziele werden üblicherweise in qualitative und quantitative unterschieden, letztere sind in Zahlen, Messgrößen ausdrückbar und werden nochmals unterteilt in monetär (bezogen auf Geldbeträge) und nicht-monetär (z.B. Anzahl, Größe etc.).

Häufig sind mehrere Ziele gleichzeitig zu berücksichtigen, sodass es zu untersuchen gilt, wie sie zueinander stehen. Dies kann sein:
- **Komplementär** (unterstützend): Sie fördern sich gegenseitig, die Erreichung eines Zieles führt zugleich zu einer Verbesserung beim anderen. Beispiel: Kostensenkung in der Produktion und Verbesserung in der Ertragslage.
- **Konkurrierend** (Zielkonkurrenz): Maßnahmen zur Erreichung des einen Zieles führen gleichzeitig zu einer Minderung beim anderen. Beispiel: Kleinere Serien bei Auftragsfertigung (statt Produktion auf Lager) gegenüber einer Senkung der Rüstkosten.
- **Indifferent** (neutral): Die Ziele sind in ihrer Wirkung zueinander neutral. Beispiel: Rationalisierung im Bereich der Fertigung und Neugestaltung der Abläufe in der Personalabteilung.

Zielkonflikte ergeben sich, wenn Ziele als nicht miteinander vereinbar angesehen werden. Dies gilt zunächst bei Zielkonkurrenz. Aber auch anfangs neutrale oder gar komplementäre Ziele können zu Zielkonflikten führen. Zum einen, wenn auf gleiche, nicht ausreichend vorhandene Ressourcen zurückgegriffen wird; z.B. bezüglich verfügbarer Finanzierungsmittel oder, wenn im obigen Beispiel zur Indifferenz beide Neuorganisationen die Unterstützung der EDV erfordern und dort nicht genügend Programmierkapazität verfügbar ist. Eine weitere Konfliktmöglichkeit kann sich aus der zeitlichen Perspektive ergeben, indem (siehe Beispiel zur Komplementarität) langfristig eine Verbesserung der Ertragslage eintritt, jedoch in einer laufenden Periode (kurzfristige Betrachtung) durch hohe Umstellungsaufwendungen zwar eine Rationalisierung, aber zugleich eine Ergebnisverschlechterung zu verzeichnen ist.

Zielkonflikte können im Betrieb in vielfältiger Weise auftreten – z.B. bezüglich eines Vorhabens oder zwischen verschiedenen Unternehmensbereichen etc. – und erfordern besondere Abwägungen und Entscheidungen, auf die hier nicht näher eingegangen wird.

FÜHRUNG UND ORGANISATION

Für die Koordination der verschiedenen Tätigkeiten im Betrieb muss Klarheit herrschen. Hierzu sollen die Ziele:
- **Funktional** sein, d.h. realistisch und realisierbar,
- **operational**, also präzise und messbar (in der Regel quantitativ), sodass sie als Vorgabe und zur Überprüfung dienen können.

Damit Ziele als Anweisung dienen können, sind Dimensionen zu spezifizieren:
- **Inhalt**: um was geht es, z.B. Senkung der Reklamationsquote,
- **Ausmaß**: Konkretisierung zu einer messbaren Vorgabe, z.B. Senkung der Reklamationsquote um 10% oder auf 2 % des Umsatzes,
- **Zeit**: bis wann soll das Ziel erreicht werden und/oder für welchen Zeitraum gilt es, z.B. ab April jeweils im Quartalsschnitt.

Neben diesen drei gebräuchlichen Ziel-Dimensionen ist es sinnvoll, wegen der Handlungsorientierung von Zielvorgaben zu ergänzen:
- **Personenzuordnung**: Wer soll dafür zuständig sein, beispielsweise der Verkaufsleiter (möglich wären auch Produktionsleiter, Projektteam etc.);
- **Handlungsbezug**: Pläne werden erst zu verwirklichenden Zielen, wenn die notwendigen Handlungen zur Realisation beschlossen werden; dazu ist es erforderlich, auch die benötigten Ressourcen bereitzustellen und ggf. Handlungsbedingungen zu beschreiben.

Im Unternehmen sind eine Fülle von Zielen zu beachten. Versuche, Unternehmensentscheidungen allein auf die Gewinnmaximierung als oberstes Ziel auszurichten – und zumeist zusätzlich von der Abstraktion eines »Homo Ökonomikus« auszugehen – sind geeignet, Zusammenhänge aufzuzeigen, spiegeln aber nicht die gesamte betriebliche Wirklichkeit wider. Auch Versuche, Ordnungssysteme oder Hierarchien der Ziele zu entwickeln, haben nur bedingt zu befriedigenden Lösungen geführt. Jedoch erscheint es sinnvoll, die Bedeutung der verschiedenen Ziele transparent zu machen. Dies kann in **Zielszenarien** erfolgen.

Ausgangspunkt für Ziele sind zumeist Wünsche und Bedürfnisse, deren Befriedigung als Nutzen angesehen und angestrebt wird. Dieser Nutzen kann sich auf das Unternehmen selbst oder auf Gruppen beziehen, die für das Unternehmen wichtig sind.

Beispiel:
- Kundenorientierte Unternehmensführung bedeutet eine Ausrichtung der Unternehmensziele an den Nutzenerwartungen der Kunden, auf deren (unternehmensoptimale) Erfüllung abgezielt wird.
- Aber auch andere Gruppen haben Nutzenerwartungen an das Unternehmen, denen es bei seiner Zielfindung Rechnung tragen muss, wenn es deren Unterstützung erhalten will. Hierzu zählen beispielsweise Eigentümer (mit der Nutzenerwartung von Gewinn und Stabilität, Sicherheit), Banken und sonstige Kreditgeber (Rückzahlungen und Zinsen werden erwartet), Arbeitnehmer (vielfältige Erwartungen, u.a. angemessene Entlohnung, Aufstiegschancen, Sicherheit, etc.), Lieferanten, Vermieter, öffentliche Hand etc.

Die Beispiele sollen die Vielfalt des Spannungsfeldes bei der Zielfindung und die daraus notwendig werdenden Entscheidungen beschreiben. Die Gewichtung der Ziele im Zielszenario spiegelt die Bedeutung für das Unternehmen wider und ist zu-

gleich auch Ausdruck der Machtverhältnisse im Unternehmen, welche Ziele und Nutzenerwartungen sich stärker durchsetzen lassen. Auf Einzelheiten kann hier nicht eingegangen werden. Das Zielszenario sollte so gestaltet sein, dass es die notwendige Transparenz schafft, um der Zielklarheit und den Vorgaben bei den nachgelagerten Bereichen des Unternehmens zu dienen. Wesentliche Aspekte sind:
- Das Ableiten hinreichend klarer Zielvorgaben für nachfolgende Ebenen zu ermöglichen,
- eine Auslegungshilfe bei der Lösung von Zielkonflikten zu geben und
- eine Offenheit für Entwicklungen und dynamische Anpassung bei Veränderung der Rahmenbedingungen oder in extremen Situationen zu gewährleisten (Transparenz der Auswirkungen und der Flexibilität im Verhalten).

Inwieweit auf eine Person oder eine organisatorische Einheit Entscheidungs-, Realisations- und Kontrollkompetenz delegiert wird, regelt grundsätzlich die Organisation eines Unternehmens.

Wozu dient die Aufbauorganisation?

Frage 7-D-07

Leitungssystem/ Aufbauorganisation

Die Aufbauorganisation zeigt den organisatorischen Rahmen, die Struktur eines Unternehmens, die Organisationsform, während die Rechtsform den rechtlichen Rahmen bestimmt. Zu ihren Aufgaben gehören:
- Bildung der Stellen, der betrieblichen Einheiten wie Gruppen, Abteilungen, Bereiche etc.,
- Festlegung der Struktur, wie diese Einheiten zueinander stehen, insbesondere die hierarchische Zuordnung,
- Festlegung der Zuständigkeiten, Kompetenzen und Verantwortungen.

Die Arbeitsschritte dazu bestehen aus:
- **Aufgabenanalyse**: Durch Zerlegen der komplexen Gesamtaufgaben eines Unternehmens werden die Teilaufgaben deutlich.
- **Aufgabensynthese**: Mit ihr werden Teilaufgaben zu zweckdienlichen Einheiten zusammengefasst, die die jeweilige Stelle bilden, diese die Abteilungen etc. Als Kriterien gelten Verrichtungs-, Objekt-, Raum- und Sachmittelzentralisation.

Es werden verschiedene Leitungssysteme (Organisationssysteme) unterschieden – vergleiche Abb. 7.4 – und zwar:
- **Liniensystem**: Es ist gekennzeichnet durch eindeutige Zuordnung der Stellen und klare Instanzenwege nach dem Prinzip der Einheit von Auftragserteilung und Auftragsempfang.
- **Funktionalsystem**: Dies auch Mehr-Linien-System oder Taylorsches Funktions-Meister-System genannt, beruht auf dem Prinzip, dass eine Stelle von mehreren Stellen Aufträge empfangen kann (und an diese berichten muss), und zwar jeweils von den Vorgesetzten, die für ein ganz bestimmtes Teilgebiet verantwortlich sind.
- **Stab-Linien-System**: Hier soll die Einheitlichkeit der Leitung und des Auftragsempfangs wie beim Liniensystem erhalten bleiben, jedoch gleichzeitig den Anforderungen nach fortschreitender Spezialisierung Rechnung getragen werden, indem gewisse Aufgaben abgespalten und so genannten »Stabsstellen« zugeordnet werden, die weder Leitungs- noch Ausführungsstellen sind, sondern die Instanz, der sie zugeordnet sind, unterstützen.

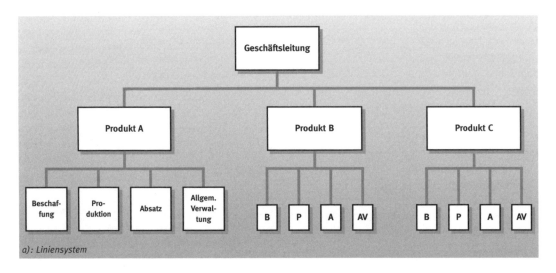

a): Liniensystem

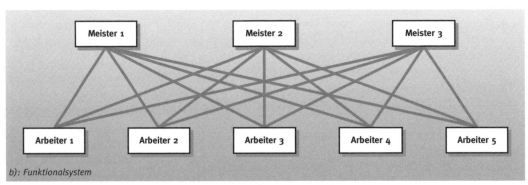

b): Funktionalsystem

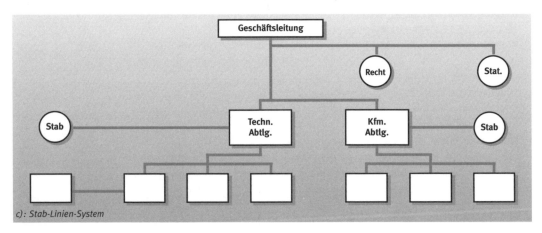

c): Stab-Linien-System

Abb. 7.4: Leitungssysteme

Die gewählte Organisationsstruktur wird im **Organisationsplan** dokumentiert, der auch **Strukturbild** oder **Organigram** genannt wird. Abb. 7.5 zeigt typische Organisationsformen.

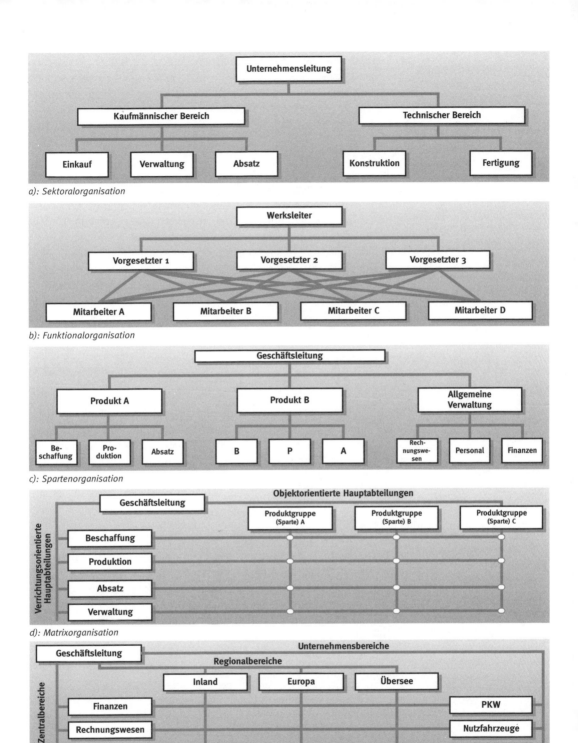

a): Sektoralorganisation

b): Funktionalorganisation

c): Spartenorganisation

d): Matrixorganisation

e): Tensororganisation

Abb 7.5: Beispiele für Organisationsformen

- Die **Sektoral- und die Spartenorganisation** (Abb. 7.5 a und c) entsprechen dem Liniensystem – erstere nach den Funktionen wie zum Beispiel kaufmännischer und technischer Bereich, letztere in der zweiten Ebene als Sparte (auch Division genannt und möglicherweise als Profit-Center ausgebildet), objektgegliedert beispielsweise an Produkten, Kunden oder Regionen orientiert.
- Die **Funktionalorganisation** (Abb. 7.5b) zeigt in der zweiten Ebene ein Funktionalsystem.
- Bei der **Matrix-Organisation** werden zwei Gliederungsmerkmale relativ gleichberechtigt miteinander verknüpft, z.B. funktions-(verrichtungs-)orientierte und objekt-(produkt-)orientierte Instanzen (wie in Abb. 7.5d) oder Zentral- und Fachbereich. Für diese Organisationseinheiten in den Schnittstellen ergibt sich daraus eine doppelte Zuordnung, die durch entsprechende Kompetenzregelungen praktikabel zu gestalten ist, um die erwarteten Vorteile einer höheren Flexibilität und Anpassungsfähigkeit tatsächlich zu gewährleisten.
- Die **Tenser-Organisation** (Abb. 7.5e) stellt eine seltener anzutreffende dreidimensionale Struktur dar, die insbesondere für multinationale Großunternehmen geeignet sein kann.

Frage 7-D-08
Welche Aufgaben hat die Ablauforganisation?
Was ist dabei mit Prozessorientierung gemeint?

Ablauforganisation

Die Ablauforganisation behandelt die Ordnung von Handlungsabläufen (Arbeitsprozessen) innerhalb der (durch die Aufbauorganisation geschaffenen) innerbetrieblichen Struktur. Es handelt sich also um zwei unterschiedliche Betrachtungsweisen ein- und desselben betrieblichen Gebildes. Beide beeinflussen und ergänzen sich gegenseitig.

Bei der Analyse zur Ablauforganisation erfolgt zumeist eine tiefere Gliederung in Teilaufgaben zu Vorgängen und Arbeitspaketen, als dies in der Aufbauorganisation der Fall ist.

Als **Arbeitsablauf** wird die Folge von einzelnen Arbeitsleistungen, bezogen auf ein bestimmtes Ziel, auf eine Aufgabe, bezeichnet. Bei der Gestaltung von Arbeitsprozessen sind verschiedene Gesichtspunkte zu berücksichtigen:
- Festlegung der Arbeitsinhalte nach Objekt und Verrichtung,
- Ordnung der Arbeitszeit, auch der zeitlichen Reihenfolge (z.B. nach Abhängigkeiten),
- Ordnung der Arbeitsräume,
- Arbeitszuordnung zu Personen und Arbeitsmitteln, Zuordnung der Teilaufgaben zu Stellen im Sinne der Aufbauorganisation.

Im Sinne der Prozessstrukturierung sind Planung, Entscheidung, Kontrolle und Verwaltung etc. selbst allgemeine Verrichtungen eigener Art; sie sind also gleichfalls Gegenstand der Ablauforganisation.

Bei der **Prozessgestaltung** können unterschiedliche Schwerpunkte gesetzt werden. Mit dem Ziel einer Gesamtoptimierung sind als sich wechselseitig beeinflussende Aspekte zu beachten:

- Wirtschaftlichkeit,
- Durchlaufverbesserung (z.B. Verkürzung der Rüst-, Liege-, Wartezeiten etc.),
- Arbeitsbedingungen (einschl. Arbeitsplatzgestaltung),
- Kapazitätsausnutzung (Vermeiden von Engpässen und Abbauen von Leerkapazitäten),
- Produktqualität.

Die Entwicklung einer Ablauforganisation kann in vier Schritte gegliedert werden:
1. **System-Analyse**: Es wird weiter in Ist-Aufnahme und Ist-Analyse unterschieden. Bei Überprüfungen bzw. Reorganisation (z.B. wegen Einführung neuer Verfahren oder Produkte) werden die bestehenden Abläufe analysiert, insbesondere hinsichtlich Schwachstellen und Verbesserungsmöglichkeiten.
2. **System-Gestaltung**: Diese kann weiter wie folgt gegliedert werden: Konzeptionsplanung, eventuelle Untersuchungen und Vorplanungen, Grob-Planung (in der auch die Verbindungen zwischen den verschiedenen Bereichen aufgezeigt werden) sowie Detailplanung.
   Am Ende steht die Soll-Konzeption, die Antwort auf die Fragen gibt: Was muss getan werden? Wer, welche Stelle im Unternehmen soll es tun, ist zuständig und verantwortlich? Wie sind die Maßnahmen durchzuführen? Womit sind die Aufgaben zu erledigen? Wann soll die Arbeit getan werden? Wo soll die Tätigkeit erfolgen?
3. **System-Einführung**: Auch sie ist entsprechend zu planen und vorzubereiten, beispielsweise: Soll eine Einführung bzw. Umstellung als Ganzes oder in Stufen, parallel zum Bisherigen oder zunächst zur Probe erfolgen? In der Regel ist die System-Einführung abgeschlossen, wenn die Verantwortung von einer eventuell beteiligten Organisationsabteilung oder einer Projektgruppe wieder ganz auf die jeweilige Fachabteilung übergeht.
4. **System-Controlling**: Es kann die Organisation im Vorhinein (z.B. in der Vorbereitung oder bezüglich des Anlasses einer Reorganisation), während der drei genannten Phasen und im Nachhinein unterstützen. Beim Abschluss einer organisatorischen Umstellung ergibt sich zum einen die Frage, ob tatsächlich nach der neuen Konzeption gearbeitet und gehandelt wird, sowie, ob damit auch die Erwartungen erfüllt sind, sie sich also in der Praxis bewährt hat.

Die Arbeitsabläufe sollen in ihrer Gesamtheit als Prozess gesehen und letztendlich optimiert werden – Prozessorientierung statt Optimierung einzelner Teilbereiche.

In der üblichen Ablauforganisation werden die einzelnen Arbeitsgänge, Teilaufgaben und Arbeitspakete einer Organisationsstelle zur Erledigung zugewiesen, die diese möglichst in ihrem Rahmen optimal ausführt und dann den Vorgang weiterreicht.

Für Aufgaben, an deren Erledigung mehrere Organisationseinheiten beteiligt sind, sind folglich auch mehrere verantwortlich, die jeweiligen Stellenleiter. In der Prozessorientierung soll die Aufgabe als Ganzes gesehen werden, möglichst unter der Verantwortung eines Prozessverantwortlichen, eines Prozessagenten.

Frage 7-D-09 — **Warum gewinnt die Organisation des Informationswesens zunehmend an Bedeutung? Was ist Wissensmanagement?**

Bedeutung des Informationswesens/Wissensmanagement

Ein leistungsfähiges Informationswesen wird für die Wettbewerbsfähigkeit eines Unternehmens immer wichtiger. Informationen dienen zur Vorbereitung von Planungen und Entscheidungen, als Handlungsvorgaben, bei Steuerungs- und Kontrollfunktionen etc. Dabei sind interne Informationen aus dem Unternehmen, sowie externe von außen, zu berücksichtigen.

Informationsprozesse haben schon immer betriebliche Abläufe begleitet und Entscheidungsprozesse unterlagert. In der Aufbauinformation wurden z.B. Informationswege (als »Dienstweg«) entsprechend einem hierarchischen Leitungssystem strukturiert oder im Rahmen der Ablauforganisation ein prozessbegleitender Informationsfluss geregelt. Anregungen, das Informationswesen zu verselbstständigen und als dritten Bereich der Organisation zu sehen, liegen insbesondere in folgenden Entwicklungen, die ständig an Bedeutung gewinnen:

1. **Dynamik des Wandels**: Sie führt dazu, dass die unternehmensrelevanten Informationen zunehmen, komplexer (vernetzter) werden und schneller veralten, also ersetzt werden müssen. Hinzu kommen oftmals eine räumliche Ausdehnung der Unternehmensaktivitäten und stärkere Marktsegmentierung.
2. **Delegation von Entscheidungsbefugnissen** und Förderung selbstständigen Handelns: Dies fordert umfassenden und differenzierten innerbetrieblichen Informationsbedarf – nicht nur gebunden an Handlungsabläufe. Dabei ist sicherzustellen, dass alle von einer vergleichbaren Informationsbasis ausgehen.
3. **Rasante Entwicklung der Informationstechnik**: Das zunächst als Hilfsmittel eingesetzte Instrumentarium wird immer mehr selbst zum Gegenstand vielfältiger Betrachtungen und differenzierter Handhabungen. Die Informatik hat sich als eigenständiges Wissen-(und Studien-)gebiet mit der Teildipsziplin Wirtschafts- bzw. Betriebsinformatik etabliert.

Die Organisation des Informationswesens im Betrieb wird der Information als wesentliche und zentrale Ressource gerecht. Sie ist dabei zugleich MIttler zwischen der Unternehmensleitung, den verschiedenen Fachbereichen sowie den sich aus Entscheidungen und Handlungsabläufen ergebenden Anforderungen. Zusätzlich ergibt sich im strategischen Sinn ihre Verantwortung für ein leistungsfähiges Informatiónssystem, das in wirtschaftlicher Weise die jeweiligen Entwicklungen berücksichtigt.

Zunehmendes Interesse findet das sogenannte **Wissensmanagement** (Knowledge-Management), welches sowohl darauf ausgerichtet ist, das im Unternehmen und vor allem in den »Köpfen der Mitarbeiter« vorhandene Wissen transparent und nutzbar zu machen als auch es in geeigneter Form zu speichern, sodass es ebenfalls für andere Betriebsmitglieder verfügbar wird und möglichst nach Ausscheiden der ursprünglichen Wissensträger erhalten bleibt. Insoweit werden vorhandene Wissensressourcen besser genutzt. Zusätzlich gilt es, relevante Informationen von außen einzubeziehen, Wissensziele und -lücken zu erkennen sowie Maßnahmen zur Lösung einzuleiten. Im weiteren Sinne ist in diesem Zusammenhang ebenfalls die »lernende Organisation« zu sehen. Neben individuellem Lernen als Erwerb und Aktualisierung des Wissens gilt es, eine Basis gemeinsamen Wissens (organisationales Wissen) zu schaffen.

Wie ist das betriebliche Informationswesen grundsätzlich aufgebaut? Welchem Zweck dient das Berichtswesen?

Frage 7-D-10

Aufbau des Informations und Berichtswesens

Ein Informationssystem besteht neben der Kommunikation als **Informationsübermittlung** aus **Informationsspeicherung** und **Informationsverarbeitung**.

Neben der formellen (auch als formal bezeichnet), nach festen Regeln verlaufenden Kommunikation/Information gibt es im Unternehmen die informelle (informale) Kommunikation im Rahmen zwischenmenschlicher Kontakte außerhalb des geplanten Informationsflusses. Erstere ist Gegenstand der Organisation, die sicherstellen sollte, dass die für und im Unternehmen relevanten Informationen zweckentsprechend, zuverlässig und aktuell die jeweiligen Empfänger erreichen.

Untersuchungsgegenstand ist dabei:
- das **Kommunikationsnetz**, d.h., wer mit wem über welche Kommunikationswege Informationen austauscht,
- **Häufigkeit und Zeitgebundenheit der Kontakte**, d.h., die Frage, wie oft und wann, auch, wie dringend,
- **Kommunikationsart und Kommunikationsmittel**, also, welche organisatorischen und technischen Einrichtungen für die Übermittlung von Informationen eingesetzt werden, beispielsweise: Persönliche Besprechungen, Konferenzen oder Arbeitsgruppen, fernmündliche oder schriftliche Kontakte, Benutzung von Telefon, Sprech- und Gegensprechanlage, Telefax, Funkgeräte, Rohrpost, Aktennotizen, Boten oder auch Terminals an EDV-Anlagen, E-Mails, etc.

Die Beurteilung eines Kommunikationssystems hat im Hinblick darauf zu erfolgen, wie schnell, sicher, genau und kostengünstig die Informationsübermittlung bezüglich der verlangten Kommunikationsleistung erwartet wird.

Ein weiter Bereich des Informationswesens ist das **Berichtswesen**, das die Fragen beantworten will »**Wozu wer wem was wann und wie berichtet**« mit der Untergliederung in:
- Berichtsfluss,
- Berichtshäufigkeit,
- Berichtsinhalt,
- Berichtsform.

Auf die verschiedenen Möglichkeiten der organisatorischen Ausgestaltung kann und soll hier nicht weiter eingegangen werden.

Nach Art der Daten, auf die sich die Informationen beziehen, können unterschieden werden:
- faktische »**Ist-Aussagen**« über die Wirklichkeit, in der Regel vergangenheits- und gegenwartsbezogen,
- prognostische, zukunftsbezogene »**Wird-Aussagen**«,
- normative, als »**Soll-Aussagen**« formulierte Ziele, Werturteile oder Normen, etc.
- logische, auf folgerichtige Beziehung ausgerichtete »**Muss-Aussagen**«,
- explanatorische, Ursachen begründende, erklärende »**Warum-Aussagen**«,
- konjunktive, Möglichkeiten aufzeigende »**Kann-Aussagen**«.

8 KONSTITUTIONELLE ENTSCHEIDUNGEN

Frage 8-A-01

Konstitutionelle/ konstitutive Entscheidungen

Was sind konstitutionelle Entscheidungen?

Konstitution heißt so viel wie Verfassung, Grundgesetz. Überwiegend wird in der Literatur zwar der Begriff konstitutive Entscheidungen (grundlegende) verwendet. Teilweise werden dann darunter auch solche über Unternehmensziele, Organisationsstrukturen und Informationssysteme einbezogen, die im vorigen Kapitel unter normativer Managementebene angesprochen wurden (siehe Frage 7-D-02). Zumeist erfolgt aber – wie auch hier in diesem Kapitel – eine Konzentration auf die Wahl der Rechtsform und die Unternehmenszusammenschlüsse (die juristische Verfassung, Struktur betreffend) sowie die Standortwahl. Sie sind mit entsprechenden Konsequenzen auch in der Außenwirkung verbunden.

Diese Grundsatzentscheidungen stehen bei Gründung eines Unternehmens an. Bei erheblichen Veränderungen, Wachstum und Ausdehnung, ggf. mit der Hinzunahme neuer Gesellschafter, können neue Entscheidungen notwendig werden. Daher wird in diesem Kapitel einleitend auf die Phasen im »Leben« eines Unternehmens eingegangen.

Frage 8-D-01

Gründung, Entwicklung, Krise, Auflösung

In welche Phasen lässt sich das »Leben« eines Unternehmens einteilen?

Dem Lebenszyklus folgend, kann unterschieden werden in:
- Gründung,
- Entwicklung,
- Auflösung.

Möglicherweise durchlebt ein Unternehmen ein- oder mehrfach eine **Phase der Krise**, die im ungünstigsten Fall zu einer vorzeitigen Auflösung führen kann. Auf Krisen wird in der nachfolgenden Frage 8-D-02 noch eingegangen.

Gründungsphase

Am Anfang einer Unternehmensgründung stehen die Idee, die Vision und der Wille eines Unternehmers zur Selbstständigkeit. Die Gründung kann auch durch Ausgliederung aus einem bereits bestehenden Unternehmen erfolgen.

Von besonderer Bedeutung sind in diesem Zusammenhang die in diesem Kapitel behandelte Wahl der Rechtsform und die Standortwahl.

Eine Ziel- und Strategieplanung, die Entwicklung einer geeigneten Organisation und der Aufbau eines aussagefähigen Rechnungswesens etc. gehören ebenfalls in die Startphase, um innerhalb des juristischen Rahmens eine erfolgreiche Unternehmensführung zu unterstützen. Auf Einzelheiten, insbesondere auch bezüglich der in neuerer Zeit im Rahmen der Existenzgründungen an Aufmerksamkeit gewinnenden Aspekte, kann hier nicht eingegangen werden.

Unternehmungen sind jedoch in den ersten Jahren besonders anfällig für Krisen. Daher ist in der Gründungsphase nicht nur der unmittelbare Start zu planen, sondern auch zu überprüfen, ob die notwendigen Ressourcen, Voraussetzungen und Marktchancen etc. für den nachhaltigen Bestand einer Gründung gegeben sind.

Entwicklungsphase
Alle in den vorangegangenen Kapiteln angesprochenen Themen sind für die Führung eines bestehenden Unternehmens relevant. Dabei können je nach Entwicklung die Akzente unterschiedlich zu setzen sein.

Mit einem Unternehmenswachstum, das grundsätzlich positiv zu bewerten ist, sind auch eine Reihe zusätzlicher Herausforderungen verbunden:
- Bei überproportionalem Wachstum kann der Kapitalbedarf stärker steigen als die Möglichkeit der Eigenkapitalbildung.
- Stößt dabei auch die Fremdkapitalaufnahme an Grenzen, so ist ggf. rechtzeitig über die Zuführung neuen Eigenkapitals von außen nachzudenken, falls dies nicht aus dem Kreis der bisherigen Gesellschafter bzw. des Einzelunternehmers erfolgen kann, ggf. durch Aufnahme neuer Gesellschafter – dies steht im engen Zusammenhang mit der Wahl der Rechtsform und/oder einer späteren Veränderung.
- Zumeist ergibt sich in der »Wachstumsphase« eines Unternehmens auch die Notwendigkeit, Führungs- und Organisationsstrukturen etc. zu überprüfen und ggf. anzupassen oder zu ändern, oftmals auch ohne neuen rechtlichen Rahmen. Wachstumsschritte sind Chancen und manchmal zugleich Risiken, die in Krisensituationen führen können, wenn die Instrumente nicht optimiert werden. Insoweit sind einmal gefundene Lösungen häufig nicht endgültig, sondern müssen immer wieder überprüft werden.

Auflösungsphase
Die Auflösung eines Unternehmens kann erfolgen:
- weil der mit der Unternehmensgründung verfolgte Zweck erfüllt ist,
- auf freiwilliger Basis, wenn der Unternehmer bzw. die Gesellschafter dies beschließen, beispielsweise aus Altersgründen, wegen anderweitiger Interessen oder, weil langfristige Zukunftsperspektiven zurückhaltend beurteilt werden,
- zwangsweise im Rahmen eines Insolvenzverfahrens oder bei Ablehnung eines Insolvenzantrages mangels Masse.

Nach dem Liquidationsbeschluss steht nicht mehr die Unternehmensfortführung, sondern eine Auflösung sowie die Verwertung und Verteilung des Unternehmensvermögens im Mittelpunkt.

Die Beendigung einer unternehmerischen Tätigkeit kann auch in der Weise erfolgen, dass das Unternehmen verkauft und in einen anderen Unternehmensverbund eingegliedert wird.

Wann können Krisen entstehen? Wie können sie sich entwickeln?	Frage 8-D-02

Krisen entstehen, wenn die Erreichung elementarer Unternehmensziele gefährdet ist:
- Sicherung der Liquidität,
- Sichern einer ausreichenden Rendite, eines Gewinnes (falls nicht in besonderen Situationen Kostendeckung ausreicht oder entsprechende Zuschüsse gewährleistet sind),
- Sicherung ausreichender Erfolgspotenziale; dieser Aspekt wird zunehmend bei der Behandlung des Krisenmanagements einbezogen.

Krisen

Krisen sind kritische Situationen, die entweder bewältigt, also zum Positiven gewendet werden können oder sich negativ entwickeln. Krisen entstehen oft nicht plötzlich, sondern entwickeln sich:

- **Potenzielle Krise**: Hier ist noch keine Unternehmenskrise gegeben, sondern lediglich möglich; zu beachten ist jedoch, dass eine Fülle von Entscheidungen, die auf die Wahrnehmung von Chancen ausgerichtet sind, zugleich auch das Eingehen von Risiken bedeutet – und somit die Grundlage potenzieller Krisen sein können.
- **Latente Unternehmenskrise**: Aus der möglichen Krise entwickeln sich bereits Gefährdungen, jedoch unterschwellig verdeckt und nahezu unmerklich für das übliche betriebswirtschaftliche Kontrollinstrumentarium; Vorsorge bieten hier beispielsweise die so genannten »Frühwarnsysteme« im Rahmen des Controllings.
- **Akute, aber noch beherrschbare Krise**: Gefährdungen in den Zielerreichungen werden bereits erkennbar, durch entsprechendes Krisenmanagement ist jedoch eine Umkehr noch möglich.
- **Akute, aber nicht beherrschbare Unternehmenskrise**: Hier ist die Gefährdung insbesondere der liquiditäts- und ergebnisbezogenen Ziele so weit fortgeschritten, dass sie im Unternehmen aus eigener Kraft nicht mehr bewältigt werden kann.

Insbesondere die vierte Phase führt zur Anmeldung eines Insolvenzverfahrens, indem entweder unter dem Schutz des Insolvenzrechts eine Sanierung ermöglicht wird oder aber die Liquidation des Unternehmens erfolgt. Im Vorfeld kann auf freiwilliger Basis eine Unternehmenssanierung durchgeführt werden. Auf Einzelheiten eines Krisenmanagements, insbesondere auch im Vorfeld eines krisenbewussten Managements, kann hier nicht eingegangen werden. Oftmals sind jedoch Maßnahmen zur Abwendung zugleich verbunden mit der Aufnahme zusätzlicher Gesellschafter, eventueller Änderungen der Rechtsform und/oder des Gesellschaftsvertrages.

Frage 8-D-03

Rechtsform

Warum ist die Wahl der Rechtsform so bedeutsam?
Wie werden die Rechtsformen üblicherweise gegliedert?

Mit der Wahl der Rechtsform wird die juristische Struktur bestimmt, die zum einen Einfluss nach innen hat – beispielsweise auf Beschlussfassungen der Unternehmensleitung – und zum anderen erhebliche Außenwirkungen, z.B. bezüglich Haftung und Vertretungsrechte. Auf Grund der zahlreichen, mit der Wahl der Rechtsform verbundenen Konsequenzen ist dieser Frage besondere Aufmerksamkeit zu widmen, in der Regel werden fachkundige Berater hinzugezogen. Ein Wechsel der Rechtsform ist zwar möglich – und, wie bereits darauf hingewiesen, bei Entwicklungen oft notwendig – aber mit Aufwand und Kosten, gelegentlich auch mit steuerlichen Belastungen verbunden. Die Rechtsformen privater Unternehmen – also ohne jene von Körperschaften des öffentlichen Rechts – werden unterschieden in:

- **Einzelunternehmen:** Ca. 90% der kaufmännischen und handwerklichen Betriebe werden als Einzelunternehmungen geführt; sie beschäftigen etwa 40%

der Erwerbstätigen. Hieraus wird ersichtlich, dass ihre Bedeutung für die Volkswirtschaft größer ist als die Beachtung, die sie manchmal in der öffentlichen Diskussion finden.

- **Personengesellschaften**: Unter Gesellschaft wird der Zusammenschluss mehrerer Personen zur Erreichung eines gemeinsamen Zwecks verstanden. Grundlage ist der Gesellschaftsvertrag (die Satzung), durch den der gemeinsame Zweck, die Rechtsform, die Beteiligung, die Haftung, die Vertretung, die Gewinn- und Verlustverteilung etc. geregelt werden. Der entscheidende Unterschied zu den Kapitalgesellschaften besteht darin, dass bei Personengesellschaften die Gesellschafter selbst Träger aller gesellschaftlichen Rechte und Pflichten sind, es entsteht also keine eigene Rechtsfähigkeit. Personengesellschaften entstehen bereits mit dem Abschluss des Gesellschaftsvertrages, also nicht erst mit Eintragung ins Handelsregister.

  Grundform der Personengesellschaften ist die »Gesellschaft des bürgerlichen Rechts«, auch BGB-Gesellschaft genannt, da sie im BGB (Bürgerliches Gesetzbuch) geregelt ist. Betreibt sie ein Handelsgewerbe, entsteht eine Handelsgesellschaft (sog. qualifizierte BGB-Gesellschaft), z.B. in Form einer oHG oder einer KG. In Deutschland werden etwa dreimal so viele Unternehmen in Form einer Personengesellschaft betrieben wie als Kapitalgesellschaft.

- **Kapitalgesellschaften**: Als Grundform gilt der Verein, der im BGB geregelt ist. Es handelt sich um juristische Personen, die unabhängig von ihren Mitgliedern im Rechtsverkehr auftreten. Die Kapitalgesellschaft (auch Körperschaft genannt) wird – anders als die Personengesellschaft – erst mit ihrer Eintragung in das Handelsregister (bzw. Genossenschaftsregister oder Vereinsregister) als juristische Person existent.

  Die Körperschaften können auf einen beliebigen, rechtsfähigen Zweck ausgerichtet sein, sie sind also nicht auf ein Handelsgeschäft beschränkt. Zu den Kapitalgesellschaften im gewerblichen Bereich zählen insbesondere die GmbH, die AG sowie die eingetragene Genossenschaft; sie alle sind in jeweiligen Sondergesetzen geregelt. Häufig erfolgt eine Gliederung, der auch hier gefolgt wird, siehe Tabelle unten.

Gelegentlich werden GmbH & Co. KG und KGaA in einer gesonderten Gruppe »Mischformen« aufgeführt. Für die folgende Aufteilung (= Tabelle unten) spricht, dass hiermit der rechtlichen Zuordnung gefolgt wird, nämlich der Frage, ob eine eigene Rechtspersönlichkeit entsteht oder nicht.

- Einzelunternehmen	- Kapitalgesellschaften
	– Gesellschaft mit beschränkter Haftung (GmbH)
- Personengesellschaft	
– offene Handelsgesellschaft (oHG)	– Aktiengesellschaft (AG)
– Kommanditgesellschaft (KG)	– Kommanditgesellschaft auf Aktie (KGaA)
– GmbH & Co. KG	
– Gesellschaft bürgerlichen Rechts (GbR)	- weitere Rechtsformen
– Partnerschaftsgesellschaft	– Verein
– Europäische wirtschaftliche Interessenvereinigung (EWiV)	– eingetragene Genossenschaft (e.G.)
	– Stiftung
– stille Gesellschaft	

Die unter Personengesellschaften aufgeführte stille Gesellschaft wird auch als »Innengesellschaft« bezeichnet, gegenüber den übrigen als »Außengesellschaften«, sie wird nicht ins Handelsregister eingetragen. Stille Gesellschaften können sowohl mit Einzelunternehmen, Personen- oder Kapitalgesellschaften geschlossen werden, dies gilt für beide Beteiligten. Da die stille Gesellschaft selbst aber als Personengesellschaft behandelt wird, ist es üblich, sie auch dort und nicht gesondert einzugliedern.

Spezielle Rechtsformen wie Versicherungsverein auf Gegenseitigkeit, Reederei oder Bergrechtliche Gewerkschaft sind besonderen Betätigungen vorbehalten und werden hier nicht weiter behandelt.

Frage 8-D-04 **Welche Entscheidungskriterien sind bei der Wahl der Rechtsform zu beachten?**

Entscheidungskriterien für die Rechtsform

Bei der Wahl der Rechtsform sind mehrere Aspekte zu berücksichtigen und in der konkreten Entscheidung miteinander abzuwägen.

- **Haftung**: Sie ist gegeben, wenn das Risiko des Vermögensverlustes über eine begrenzte (zunächst gezeichnete) Kapitalbeteiligung hinausgeht. Am weitest gehendsten ist die persönliche Haftung, bei der der Betreffende auch mit seinem Privatvermögen in Anspruch genommen werden kann.
- **Entscheidungsbefugnis**: Zu unterscheiden ist in die nach innen gerichtete Geschäftsführung und Entscheidungsfindung, die nach außen orientierte Vertretungsbefugnis sowie in Kontrollrechte.
- **Finanzierungsmöglichkeiten**: Hier muss nach der Möglichkeit zusätzlicher Eigenkapitalbeschaffung und der Fremdkapitalbeschaffung unterschieden werden. Die Aufnahme neuen Eigenkapitals durch zusätzliche Gesellschafter ist bei Kapitalgesellschaften mit dem Zugang zum Kapitalmarkt oder gar zur Börse leichter, als wenn der Eintritt mit der Übernahme persönlicher Haftung verbunden ist. Daher kann die Notwendigkeit der Aufnahme zusätzlicher Gesellschafter aus Finanzierungsgründen oft auch Anlass sein, die bestehende Rechtsform zu überdenken (z.B. oHG in KG). Bezüglich der Aufnahme von Fremdkapital ist in aller Regel das Vorhandensein persönlicher Haftung bonitätsverbessernd, da der Gläubiger im Ernstfall nicht nur auf das Gesellschaftsvermögen, sondern auch auf das Privatvermögen zugreifen kann.
- **Steuerliche Belastung**: Hier bestehen Unterschiede zwischen Einzelunternehmen und Personengesellschaften einerseits und den Kapitalgesellschaften andererseits. Zum einen gilt für erstere die Einkommensteuer und für letztere die Körperschaftssteuer. Auch gibt es Unterschiede bei der Gewinnermittlung, beispielsweise auf Grund der Tatsache, dass juristische Personen Verträge mit den Gesellschaftern abschließen können, mit entsprechenden steuerlichen Auswirkungen. Auf steuerliche Einzelheiten wird hier nicht eingegangen. Zumeist ist fachkundiger Rat erforderlich, auch, um den jeweiligen steuerrechtlichen Stand (akute Veränderung) zu berücksichtigen.
- **Ergebnisbeteiligung**: Hierbei ist zu unterscheiden in
  a) Gewinn-und Verlustbeteiligung,
  b) die Teilnahme an stillen Reserven, beispielsweise beim Ausscheiden sowie
  c) Einflussmöglichkeit auf Gewinnentnahmen, bzw. auf Nichtausschüttung, beispielsweise durch Bildung von Rücklagen.

- **Flexible Vertragsgestaltung**: Die gesetzlichen Bestimmungen sind für die einzelnen Rechtsformen unterschiedlich streng, was Auswirkungen darauf hat, inwieweit sie durch vertragliche Änderungen ersetzt oder ergänzt werden können. Grundsätzlich ist der Gestaltungsraum bei Personengesellschaften größer, bei der AG am engsten.
- **Besondere Anforderungen**: Sie können sich z.B. auf das Rechnungswesen, Prüfungspflichten und Publizität beziehen. Tendenziell gelten bei Kapitalgesellschaften und insbesondere der AG strengere Regelungen.
- **Besondere Kosten**: Dabei kann es sich um laufende Kosten, beispielsweise für die vorgenannten Anforderungen, handeln als auch um solche bei Gründung oder Kapitalerhöhung, die gleichfalls bei der AG am höchsten sind.
- **Besondere Voraussetzungen**: Für manche Rechtsformen ist ein Mindestkapital oder eine Mindesteinlage gefordert oder eine Mindestzahl von Gesellschaftern. Teilweise ist auch für bestimmte Betriebe die Wahl der Rechtsform eingeschränkt.
- **Eigene Rechtsfähigkeit**: Sie ist nicht bei Einzelunternehmen und Personengesellschaften gegeben.
- **Veräußerungsfähigkeit**: Die Frage ist hier, wie leicht sich ein Gesellschafter von seinem Engagement zurückziehen kann und von seinen Verpflichtungen als Gesellschafter entlassen wird, den Gegenwert seiner Beteiligung ausbezahlt erhält und inwieweit er weiteren Haftungsverpflichtungen Dritten gegenüber unterliegt. Grundsätzlich gilt hier, dass die Bindung bei Personengesellschaftern höher und bei Aktionären an börsennotierten Unternehmungen am flexibelsten ist. Bei Personengesellschaften und den zu diesem Punkt zu treffenden Vereinbarungen ergibt sich oftmals ein Konflikt: einerseits möchte möglicherweise der Betreffende leichter und mit kürzeren Kündigungsfristen ausscheiden können, andererseits sich vor entsprechend kurzfristigem Ausscheiden der Mitgesellschafter schützen.
- **Anpassungsfähigkeit**: Sie kann sich auf das Ausscheiden bzw. Neueintreten von Gesellschaftern, unterschiedlicher Teilnahme an Kapitalerhöhungen oder Veränderungen der Haftungssituation u.a. beziehen. Hierzu zählen auch Überlegungen im Hinblick auf Nachfolge- und Erbschaftsregelungen. Grundsätzlich gilt, dass bei Einzelunternehmungen und Personengesellschaften die Verbindung zu »persönlichen Lebensplanungen« enger ist – was wiederum auch zu Spannungen führen kann, wenn diese sich bei den einzelnen Gesellschaftern unterschiedlich entwickeln. Oftmals werden diese Fragen bei der Unternehmensgründung gegenüber den »vorrangigen« Themen vernachlässigt, da sie zum Teil sehr weit in die Zukunft reichen, schwer abschätzbar und von persönlichen Aspekten überlagert sind.

Wie unterscheiden sich die verschiedenen Personengesellschaften?

Frage 8-D-05

Der Einzelunternehmer trägt durch die persönliche Haftung das volle finanzielle Risiko. Andererseits ist er in seiner Gestaltungsmöglichkeit am freiesten, da es für ihn neben den allgemeinen und einzuhaltenden gesetzlichen Bestimmungen keine speziellen einschränkenden Regelungen gibt.

Gliederung der Personengesellschaften

Wollen zwei oder mehr Personen gemeinsam ein Unternehmen betreiben, beispielsweise auch, weil ein Einzelunternehmer einen Gesellschafter aufnehmen will, so können sie eine Personengesellschaft gründen.

Offene Handelsgesellschaft (OHG)

Eine OHG entsteht, wenn zwei oder mehrere Personen, die alle persönlich und unbegrenzt haften, sich zum Betrieb eines Handelsgeschäfts unter gemeinschaftlicher Firma zusammenschließen. Gesellschafter können natürliche und/oder juristische Personen sein. Die Haftung entspricht der eines Einzelunternehmers – wobei Gesamthaftung der Gesellschafter gegenüber Dritten besteht – sodass auch die OHG andererseits den Beteiligten große Gestaltungsfreiheit beim Abschluss des Gesellschaftsvertrages gewährt. Dies betrifft insbesondere die Gewinnverteilung, das Recht auf Entnahmen und den Umfang der Mitwirkung im Unternehmen sowie sonstige Regelungen im Innenverhältnis.

Wegen der Vollhaftung der Gesellschafter und entsprechend ihrer Bonität besitzt die OHG eine relativ hohe Kreditwürdigkeit. Soll die Gesellschaft jedoch über die Möglichkeiten der bisherigen Gesellschafter hinaus mit Eigenkapital ausgestattet werden, so ist es oft schwer, zusätzliche Gesellschafter zu finden, da diese nicht nur eine Kapitaleinlage zu erbringen haben, sondern durch die Vollhaftung mit der Gesellschaft in ihrem Schicksal auch persönlich eng verbunden sind – es kann die Überlegung angebracht sein, die OHG in eine KG umzuwandeln.

Kommanditgesellschaft (KG)

Charakteristisch ist, dass es zwei Arten von Gesellschaftern gibt:
- **Komplementär**: auch Vollhafter genannt, dessen Haftung und Rechtsstellung der eines OHG-Gesellschafters entspricht,
- **Kommanditist**: auch Teilhafter genannt, der nur mit der von ihm gezeichneten Einlage – die mit der Betragshöhe im Handelsregister eingetragen wird – haftet. Auch bei Verlust entsteht keine Nachschusspflicht des Kommanditisten. Der Kommanditist ist von der Geschäftsführung sowie von der Vertretung der Gesellschaft nach außen hin ausgeschlossen. Er kann aber beispielsweise als Prokurist oder als Handlungsbevollmächtigter bestellt werden.

Die KG bedarf mindestens eines Komplementärs und mindestens eines Kommanditisten; mehr Gesellschafter sind möglich.

Im Handelsgesetzbuch (HGB) sind die OHG sowie die KG mit ergänzenden Bestimmungen geregelt, teilweise mit Regelungen, die nur dann gelten, falls nicht im Gesellschaftsvertrag, der ebenfalls formlos erfolgen kann, keine Bestimmungen aufgenommen wurden.

Die Beurteilung der Kreditfähigkeit einer KG ist – abgesehen von den speziellen Einzelheiten des konkreten Falles – ähnlich der einer OHG. Die Haftungsbegrenzung der Kommanditisten erleichtert in aller Regel die Aufnahme zusätzlichen Eigenkapitals.

GmbH & Co. KG

Hierbei handelt es sich um eine Kommanditgesellschaft, bei der der (oder einer der) Vollhafter, Komplementär, keine natürliche Person ist, sondern eine juristische Person, eine GmbH, also eine Kapitalgesellschaft, die zwar persönlich haftet, deren Gesellschafter jedoch nur beschränkt haften (siehe GmbH unter Frage 8-D-06).

Gründe für die Wahl einer GmbH als Komplementärin liegen häufig in dieser Haftungsbegrenzung, weshalb zumeist daneben auch keine natürlichen Personen Komplementärstellung übernehmen. Möglich ist es jedoch auch, zur besseren Sicherung der Kontinuität des Unternehmens eine GmbH als Komplementärin in die KG aufzunehmen, z.B. bei Tod einer natürlichen Person als Vollhafterin oder, um über die GmbH die Geschäftsführung zu regeln. Trotz anfänglicher Bedenken hat sich die GmbH & Co. KG als Rechtsform der KG durchgesetzt und in der Praxis eine hohe Bedeutung erlangt. Oftmals besteht eine (zumindest teilweise, eventuell in der Beteiligungsquote differenzierte) Identität zwischen Kommanditisten und Gesellschaftern der GmbH. Durch den faktischen Vorteil bzw. die Begrenzung einer persönlichen Haftung ist die Kreditaufnahmemöglichkeit gegenüber den beiden zuvor genannten Gesellschaftsformen eher begrenzt.

Gesellschaft bürgerlichen Rechts (GbR)
Sie entsteht durch Zusammenschluss von mindestens zwei (natürlichen und/oder juristischen) Personen, die (wie bei der OHG) persönlich und unbeschränkt auch mit ihrem Privatvermögen haften. Sie wird auch als BGB-Gesellschaft bezeichnet, da ihre Rechtsgrundlagen im BGB geregelt sind, sie ist also nicht auf Handelsgeschäfte beschränkt. Der Gesellschaftsvertrag ist formlos abschließbar, abgesehen von bestimmten Sonderfällen, beispielsweise, wenn Grundstücke eingebracht werden.

Die GbR ist häufig als Zusammenarbeit und Bürogemeinschaft von Freiberuflern und sonstigen Nichtkaufleuten anzutreffen. Für die gewerbliche Wirtschaft liegt ihre Bedeutung vor allem in der zeitlich oder auf ein Projekt begrenzten Zusammenarbeit. Hierzu zählen Arbeitsgemeinschaften, z.B. der Zusammenschluss mehrerer Bauunternehmen bei einem Großobjekt, der Zusammenschluss von Versicherungen zur Abdeckung größerer Risiken oder Konsortien von Banken, z.B. zur gemeinsamen Emmission von Aktien, etc.

Partnerschaftsgesellschaft
Für die freien Berufe ist seit dem 01.07.1998 der Zusammenschluss in Form einer so genannten Partnerschaftsgesellschaft möglich, die in ein Partnerschaftsregister eingetragen wird, ähnlich dem Handelsregister beim Amtsgericht. Sie ist stark der BGB-Gesellschaft angenähert.

Europäische wirtschaftliche Interessenvereinigung (EWiV)
Ebenfalls nur der Vollständigkeit halber soll die EWiV angesprochen werden, die seit dem 01.07.1989 im Handelsregister eingetragen werden kann, mit einigen Besonderheiten der OHG angenähert ist und den grenzüberschreitenden Zusammenschluss zur Zweckverfolgung auf dem Weg zu einem gemeinsamen Europa fördern soll.

Stille Gesellschaft
Bei ihr handelt es sich – wie bereits unter Frage 8-D-03 angesprochen – um eine Innengesellschaft, die nach außen hin nicht in Erscheinung tritt. Der stille Ge-

sellschafter beteiligt sich als Kapitalgeber an einem Handelsgewerbe in der Weise, dass seine Anlage in dessen Vermögen übergeht. Beide Beteiligten können sowohl natürliche oder juristische Personen, Einzelunternehmen, Personen- oder Kapitalgesellschaften sein.

Die stille Gesellschaft ist eine rechtsfähige Personengesellschaft, jedoch kein Handelsgeschäft, und unterscheidet sich von der BGB-Gesellschaft dadurch, dass die **Verlustbeteiligung des stillen Gesellschafters** auf die von ihm geleistete Einlage beschränkt ist. Bei der Abfassung des »Stillen Gesellschaftsvertrages« besteht eine große Gestaltungsfreiheit. Kontroll- und Mitwirkungsrechte werden von der Stellung und Abhängigkeit der Beteiligten zueinander bestimmt. Außerdem kann beispielsweise eine Verlustbeteiligung ganz oder teilweise durch Vertrag ausgeschlossen werden sowie können für die Gewinnbeteiligung Mindest- oder Höchstgrenzen festgelegt werden, etc.

In der Praxis sind zwei Grundformen zu unterscheiden:
- **Typische** stille Gesellschaft: Bei ihr ist der stille Gesellschafter nicht an den stillen Reserven des Unternehmens beteiligt.
- **Atypische** stille Gesellschaft: Hier nimmt der stille Gesellschafter am Wertzuwachs teil, er erhält also bei seinem Ausscheiden seinen Anteil an den gebildeten stillen Reserven einschließlich Firmenwert – daher ist der atypische stille Gesellschafter steuerlich ein Mitunternehmer.

Ist in einer typischen stillen Gesellschaft die Verlustbeteiligung ausgeschlossen, so entspricht sie praktisch einem patriarchalischen Darlehn mit gewinnabhängiger Verzinsung. Die stille Gesellschaft bietet einige Vorteile als Instrument der Finanzierung, beispielsweise auch an Stelle oder in Vorbereitung einer künftigen »echten« Beteiligung, möglicherweise auch als Form einer Mitarbeiterbeteiligung.

Frage 8-D-06	**Was ist wesentlich bei den Kapitalgesellschaften?**

Kapitalgesellschaft

Gesellschaft mit beschränkter Haftung (GmbH)

Rechtsgrundlage ist das GmbH-Gesetz. Das nominale Beteiligungskapital an einer GmbH wird **Stammkapital** genannt und muss insgesamt mindestens DM 50.000,–/Euro 25.000,– betragen; jede Stammeinlage im Minimum DM 500,–/ Euro 250,–. Davon muss bei der Anmeldung zum Handelsregister eine Mindesteinzahlung von 25% auf jede Stammeinlage erfolgt sein, mindestens aber DM 25.000,–/ Euro 12.500,– auf das Stammkapital bzw. DM 50.000,– /Euro 25.000,– bei einer Ein-Mann-GmbH. Dabei ist zu beachten – was in der Praxis oftmals übersehen wird – dass die Gesellschafter insgesamt für alle ausstehenden Einlagen haften, wenn mit der Gründung nicht bereits das gesamte Stammkapital eingebracht wurde (in der Gründungsphase vor Eintragung ist noch keine Kapitalgesellschaft entstanden!). Im Übrigen beschränkt sich die Haftung des einzelnen Gesellschafters auf die Erbringung der von ihm gezeichneten Einlage. Die Kapitaleinbringung ist als Geld- oder Sacheinlage möglich, bei letzterer ist eine entsprechende Bewertungsprüfung notwendig. Im Gesellschaftsvertrag sind Firma, Sitz, Gegenstand der Gesellschaft sowie der Gesamtbetrag des Stammkapitals und die Höhe der Stammeinlagen je Gesellschafter festzulegen. Zusätzliche Vereinbarungen sind möglich, soweit sie nicht zwingenden Regelungen des GmbH-Gesetzes zuwiderlaufen. Organe der GmbH sind:

- **Gesellschafterversammlung**: Sie ist das oberste Gesellschaftsorgan. Zu den Aufgaben zählen insbesondere: Feststellung des Jahresabschlusses und die Gewinnverteilung, Einforderung von Einzahlungen auf die Stammeinlage, Rückzahlungen von Nachschüssen, Teilung und Einziehung von Gesellschaftsanteilen, Bestellung und Abberufung von Geschäftsführern sowie deren Entlastung, Maßregeln zur Prüfung und Überwachung der Geschäftsführung, Bestellung von Prokuristen und Handlungsbevollmächtigten, Geltendmachung von Ersatzansprüchen, welche der Gesellschaft aus der Gründung oder Geschäftsführung gegenüber Geschäftsführern oder Gesellschaftern zustehen, Vertretung der Gesellschaft in Prozessen, welche sie gegen die Geschäftsführer führen muss. Daneben können weitere Maßnahmen als zustimmungsbedürftig im Vertrag geregelt sein; dabei können unterschiedliche, einfache oder qualifizierte Mehrheiten bestimmt werden.
- **Geschäftsführer**: Es können ein oder mehrere Geschäftsführer bestellt werden, die entweder allein oder zusammen gerichtlich und außergerichtlich die Gesellschaft vertreten. Während im Innenverhältnis durch Gesellschaftsvertrag oder Beschluss der Gesellschafterversammlung eine Einengung vorgenommen werden kann, gilt nach außen eine unbeschränkte Vertretungsmacht – unabhängig von interner Schadenshaftung. Zu Geschäftsführern können sowohl Gesellschafter als auch Nichtgesellschafter bestellt werden.
- **Aufsichtsrat**: Die Gesellschaft kann (bei mehr als 500 Beschäftigten muss sie) einen Aufsichtsrat bestellen, sofern dies im Gesellschaftsvertrag vorgesehen ist.

Verglichen mit einer AG besteht ein größerer Spielraum für die vertragliche Gestaltung – grundsätzlich (jedoch nicht ohne Ausnahmen) ist sie eher für kleinere und mittlere Unternehmen konzipiert worden. Insgesamt hat die Rechtsform der GmbH an Bedeutung gewonnen, auch in Ablösung von Personengesellschaften.

Aktiengesellschaft (AG)
Rechtsgrundlage ist das Aktiengesetz (AktG). Das Nominalkapital – **Grundkapital** genannt – wird durch den Gesellschaftsvertrag (Satzung) festgelegt und muss mindestens DM 100.000,–/Euro 50.000,– betragen. Das Grundkapital wird in Anteile (Aktien) mit einem Mindestnennbetrag von DM 5.–/Euro 2,50 zerlegt (heute überwiegend als Stückanteile/Promille-Anteil am Grundkapital). Jemand wird Gesellschafter einer AG, indem er Aktien erwirbt, ohne persönlich für die Verbindlichkeiten der Gesellschaft zu haften. Für die Gründung bedarf es einer notariellen Beurkundung. Die Ausgabe der Aktien muss mindestens zum Nennbetrag erfolgen, d.h., eine sog. »Ausgabe unter pari« ist unzulässig. Bei einem höheren Ausgabekurs wird der den Nennbetrag übersteigende Wert nach Abzug der Gründungskosten einer gesetzlichen Kapitalrücklage zugeführt. Eine Einlage kann als Geld- oder Sacheinlage erfolgen, bei letzterer ist wiederum eine Wertprüfung notwendig – auch das Einbringen von Forderungen gilt als Sacheinlage.
Grundsätzlich gewährt die Aktie:
- **Stimmrecht** in der Hauptversammlung,
- Recht auf **Dividende** am ausgeschütteten Gewinn,
- **Bezugsrecht** bei der Ausgabe von Aktien, z.B. durch die Umwandlung von Rücklagen,
- Teilnahme am **Liquidationserlös**.

Auf Differenzierungen, wie sie sich insbesondere durch die Ausgabe unterschiedlicher Aktien als Stamm- oder Vorzugsaktien und als Inhaber- oder Namensaktien (auch vinkuliert) ergeben, wird hier nicht eingegangen.

Mit der Übereignung der Aktie geht das Mitgliedschaftsrecht auf den Neuerwerber über. Dieser Übergang bleibt, ebenso wie die Höhe des Kaufpreises, ohne direkten Einfluss auf die Aktiengesellschaft. Der Preis, zu dem eine Aktie gehandelt wird, ist der Kurs, bei an Börsen gehandelten Aktien der Börsenkurs.

Gesetzlich zwingend vorgeschrieben sind drei Organe:
- **Hauptversammlung**: Sie besteht aus den Aktionären, die ihre Auskunftsrechte wahrnehmen und insbesondere entscheiden über: die Bestellung der Mitglieder des Aufsichtsrates (soweit sie nicht entsendet oder von Arbeitnehmern zu wählen sind), die Verwendung des Bilanzgewinnes (mit Einschränkungen), die Entlastung der Mitglieder des Vorstandes und des Aufsichtsrates, die Bestellung des Abschlussprüfers, Satzungsänderungen, Maßnahmen der Eigenkapitalbeschaffung und der Kapitalherabsetzung, Bestellung von Gründungs- und Sonderprüfern sowie die Auflösung der Gesellschaft.
- **Aufsichtsrat**: Er ist das Kontrollorgan der Aktiengesellschaft und hat die Geschäftsführung zu überwachen. Zu seinen Aufgaben zählt auch, die Vorstandsmitglieder zu bestellen und abzuberufen.
- **Vorstand**: Er ist das geschäftsführende Organ der AG und vertritt diese im Rechtsverkehr nach außen. Die Mitglieder werden auf Dauer von höchstens fünf Jahren durch den Aufsichtsrat bestellt, wiederholte Bestellung ist zulässig.

Aktiengesellschaften – insbesondere solchen, die an Börsen gehandelt werden – bietet sich in besonderer Weise Zugang zu Kapitalmärkten. Weitere Vorteile sind der in aller Regel unproblematische Erwerb bzw. die Übertragbarkeit der Aktien (soweit keine Sonderformen). Nachteile sind insbesondere die hohen Kosten bei der Gründung sowie auch laufend für Prüfungs- und Publikationspflichten, Abhaltung und Beurkundung der Hauptversammlung etc.

Kommanditgesellschaft auf Aktie (KGaA)

Hier sind Elemente der KG und AG miteinander verbunden. Sie hat mindestens einen persönlich haftenden Gesellschafter, der oder die als »geborene« Mitglieder den Vorstand bilden. Im Übrigen erfolgt die Einlage auf das Grundkapital durch die Ausgabe von Aktien; die Kommanditaktionäre tragen, wie bei der AG, lediglich das Risiko des Verlustes ihrer Einlage.

Die KGaA ist eine Kapitalgesellschaft und im Rahmen des Aktiengesetzes geregelt. Ihre Organe sind: Persönlich haftende Gesellschafter als Vorstand, Aufsichtsrat und Hauptversammlung. Persönlich haftender Gesellschafter einer KGaA kann auch eine GmbH sein, für die dann deren Geschäftsführer handeln.

Frage 8-D-07	Welche weiteren Rechtsformen können relevant sein?
Weitere Rechtsformen	**Verein** Der Zweck eines Vereins muss nicht auf einen wirtschaftlichen Geschäftsbetrieb gerichtet sein. Man unterscheidet in nicht rechtsfähige und rechtsfähige Vereine,

letzterer wird zur juristischen Person durch Eintragung in das Vereinsregister (e.V.) des zuständigen Amtsgerichts. Vereine, sowohl rechtsfähige als auch nicht rechtsfähige, handeln im Rechtsverkehr durch ihre Organe. Diese sind der Vorstand sowie die Mitgliederversammlung, die den Vorstand wählt.

Eingetragene Genossenschaft (e.G.)
Die e.G. ist nach Art des Vereins eine rechtsfähige Körperschaft, die die Förderung des Erwerbs oder der Wirtschaft ihrer Mitglieder durch einen gemeinschaftlichen Geschäftsbetrieb zum Gegenstand hat und deren Mitgliederzahl nicht geschlossen ist. Basis ist das Genossenschaftsgesetz. Im Gegensatz zur AG und GmbH steht bei der Genossenschaft der Selbsthilfegedanke ihrer Mitglieder und deren Erwartung, durch den Zusammenschluss ihre Interessen besser vertreten zu können, mehr oder weniger im Vordergrund. Bekannt sind z.B. Bezugs-, Absatz-, Kredit-, Produktiv-, Verkehrs-, Wohnungsbau- oder Konsumgenossenschaften. Die Gründung einer Genossenschaft erfordert die Verabschiedung einer Satzung, eines Statuts – worin auch geregelt sein muss, ob die Genossen im Falle einer Insolvenz unbeschränkt Nachschüsse zu leisten haben oder beschränkt (was üblich ist) auf eine bestimmte Haftsumme oder überhaupt nicht – mit beschränkter Haftpflicht. Organe der Genossenschaft sind: Generalversammlung (Vertreterversammlung), Vorstand und Aufsichtsrat.

Stiftung
Stiftungen des privaten Rechts sind juristische Personen, ohne Gesellschaften zu sein. Sie erlangen ihre Rechtsfähigkeit durch staatliche Genehmigung. Der Stifter stattet die Stiftung mit Vermögen aus und bestimmt, welchem Zweck dies gewidmet werden soll. In der Abfassung der Stiftungsverfassung hat der Stifter weit gehende Entscheidungsfreiheit, lediglich der Vorstand ist als Organ vorgeschrieben. Stiftungen nehmen an Bedeutung zu. Bei den gesetzlichen Regelungen werden Änderungen erwartet.

In welcher Weise können Kooperationen gestaltet werden? Frage 8-D-08

Die Vereinigung rechtlich selbstständiger Unternehmen zu größeren wirtschaftlichen Einheiten wird als Unternehmenszusammenschluss bezeichnet. Dabei ist zwischen Kooperation und Konzentration (siehe hierzu Frage 8-D-09) zu unterscheiden. Bei der **Kooperation** geben die einzelnen rechtlich selbstständig bleibenden Unternehmen zur Erreichung gemeinsamer Ziele einen (mehr oder weniger großen, evtl. auch nur zeitlich begrenzten) Teil ihrer wirtschaftlichen Selbstständigkeit auf, während sie in übrigen Bereichen die Selbstständigkeit bewahren. Zwischenbetriebliche Kooperationen können nach verschiedenen Gesichtspunkten betrachtet und gegliedert werden:

Kooperationen

1. Intensitätsstufen der Zusammenarbeit:
- Informationsaustausch,
- Erfahrungsaustausch,
- Absprachen,
- Gemeinschaftsarbeiten ohne Ausgliederung oder
- Absprachen mit Ausgliederung einer (mehrerer) Unternehmensfunktion/en,

- Gütergemeinschaft,
- Bildung eines Kooperationsmanagements,
- Gemeinschaftsgründung, z.B. eigene Gesellschaft,
- rechtliche Ausgliederung des Kooperationsmanagements.

2. Beteiligte Wirtschaftsstufen:
- horizontal, als Unternehmen einer gleichen Wirtschaftsstufe (z.B. nur Handel),
- vertikal, zwischen Unternehmungen verschiedener Wertschöpfungsstufen, zumeist in einem wirtschaftlichen Zusammenhang, beispielsweise Hersteller-Handelsstufe, Großhandel mit Einzelhandel.

Diese Formen der Zusammenarbeit können sich nahezu auf alle betrieblichen Funktionen erstrecken und sich auf eine oder wenige Funktionen konzentrieren (teilfunktionell bzw. sektoral) oder umfassend (gesamtfunktionell) sein. Dabei kann eine Zusammenarbeit regional begrenzt sein, z.B. auf Auslandsaktivitäten.

Von der **Dauer** her kann die Kooperation zunächst unbefristet, zeitlich begrenzt oder auf die Erreichung eines bestimmten Zweckes hin (beispielsweise bei Arbeitsgemeinschaften) ausgerichtet sein.

Zu den **Kooperationsformen** im Handel zählen Einkaufsgenossenschaften, Einkaufskontore, Service-Kooperationen, Vertragshändler-Systeme oder freiwillige Ketten, Franchising u.a. In Industrie, im Baugewerbe, Anlagebau etc. können Arbeitsgemeinschaften (ARGE) gebildet werden, die entweder nach außen in Erscheinung treten oder nur innergesellschaftliche Beziehungen in Form von Sub-Unternehmungen ausweisen. Konsortien sind weitere Formen von Gelegenheitsgesellschaften zur Durchführung bestimmter, genau abgegrenzter Aufgaben, beispielsweise zwischen Banken bei der Vergabe von Großkrediten oder der Emission von Wertpapieren. Bei Kooperationen sind, wie auch bei den Konzentrationen, die entsprechenden wettbewerbsrechtlichen Regelungen zu beachten, z.B. »Gesetz gegen den unlauteren Wettbewerb« (UWG), »Gesetz gegen Wettbewerbsbeschränkungen« (GWB) sowie zunehmend europäisches Recht.

| Frage 8-D-09 | **Wie unterscheiden sich Konzern und Fusion?** |

Konzern
Fusion

Bei einem Unternehmenszusammenschluss in Form einer **Konzentration** verlieren die eingebundenen Unternehmen ihre wirtschaftliche Selbstständigkeit, manchmal auch die rechtliche, beispielsweise durch Fusionen.

Konzern ist der Zusammenschluss rechtlich-selbstständiger Unternehmen unter einheitlicher Leitung. Zumeist sind die Unternehmen untereinander oder über eine Obergesellschaft finanziell verbunden. Auf Grund der einheitlichen Leitung sind die beherrschten Unternehmen in ihrer internen Willensbildung nicht selbstständig. Grundlagen können Kapitalverflechtung oder ein Beherrschungsvertrag (Beteiligungs- oder Vertrags-Konzern) sein.

Auch Konzerne können horizontal, vertikal oder diagonal gestaltet sein, letztere werden auch als Mischkonzerne bezeichnet.

Fusion ist der Zusammenschluss, bei dem durch Verschmelzung von zwei oder mehreren rechtlich selbstständigen Unternehmen eine neue, wirtschaftliche und auch rechtliche Einheit entsteht.

Demgegenüber ist der Konzern selbst keine Rechtsperson und somit auch kein Träger von Rechten und Pflichten. Besondere Pflichten, z.B. zur Aufstellung eines Konzernabschlusses, entstehen für den Konzernführer, die Muttergesellschaft, vertreten durch ihre jeweiligen Gremien. Die einzelnen Konzerngesellschaften (z.B. Tochtergesellschaften) sind (auch steuer-)rechtlich selbstständig, wenn auch durch die einheitliche Leitung in ihrer Entscheidung wirtschaftlich eingebunden. Insoweit hat auch jedes Unternehmen für sich einen Jahresabschluss aufzustellen. Eine tatsächliche wirtschaftliche Beurteilung wird jedoch häufig erst möglich, wenn darüber hinaus ein Gesamtabschluss (so genannter Konzernabschluss) erstellt wird, ausgehend von der Fiktion, die einbezogenen Unternehmen insgesamt wären ein einziges Unternehmen, dessen Vermögens-, Finanz- und Ertragslage durch einen von den Abschlussprüfern zu testierenden Konzernabschluss verdeutlicht werden soll, einschließlich Konzernlageberichts.

Welche Aspekte spielen bei Betriebsaufspaltungen eine Rolle? — Frage 8-D-10

Betriebaufspaltung/Doppelgesellschaft

Das Wesen der Betriebsaufspaltung liegt darin, dass eine zunächst als wirtschaftliche Einheit gedachte Unternehmung in rechtlich selbstständige (zwei oder mehr) Unternehmen aufgeteilt wird, die in der Regel unterschiedliche Rechtsformen erhalten. In diesem Zusammenhang wird auch von »Doppelgesellschaft« gesprochen. Ziele und Gründe können dabei sein:
- Risikoverteilung,
- steuerrechtliche Überlegungen,
- differenzierte Beteiligung, beispielsweise ein für einen Teilbereich Verantwortlicher soll an der zuständigen Unternehmung beteiligt werden, nicht jedoch an den übrigen Unternehmensbereichen,
- sonstige Überlegungen. Beispielsweise bei der Erbfolge sollen Vermögensteile der Familie erhalten bleiben, die unternehmerische Tätigkeit jedoch in einem zusätzlichen Management verselbstständigt werden. Teilweise spielen auch Überlegungen zum Betriebsverfassungsgesetz und zur Mitbestimmung eine Rolle.

Beispiele solcher Aufteilungen können sein:
- Besitzgesellschaft und Betriebsgesellschaft: Dem ersten Unternehmen werden die wesentlichen Vermögensteile übertragen, die diese dann zur Nutzung gegen Entgelt dem zweiten überlässt, indem die Betriebstätigkeit stattfindet.
- Produktions- und Vertriebsgesellschaft;
- Regional für unterschiedliche Standorte, selbstständige Unternehmen mit oder ohne eine »Dachgesellschaft«, z. B. für zentrale Dienstleistungen.

Welche Kriterien beeinflussen die Standortwahl? — Frage 8-D-11

Die freie Wahl des Standortes ist manchmal eingeschränkt, wenn Bindungen an geografische Voraussetzungen vorliegen (Bergbau) oder enge Verflechtungen mit anderen Unternehmungen und deren Standort gegeben sind (z.B. Zulieferer). Hinzu kommen oft persönliche Gründe (Geburtsstadt, Präferenz für eine Region, ererbtes Grundstück etc.) Sie sind bedeutsam, sollten aber nicht allein entscheidungsrelevant sein. Eine auf Wirtschaftlichkeit orientierte Standortwahl hat zwischen den standortbedingten Vorteilen und Nachteilen abzuwägen. Diese können nach mehreren Kriterien (Standortfaktoren) beurteilt werden:

- **Orientierung am Absatzmarkt**: Sie spielt für den stationären Handel und entsprechende Dienstleistungsunternehmen eine besondere Rolle. Dabei ist neben der Kundenseite auch die Wettbewerbssituation am Ort zu analysieren, um die eigenen Marktchancen abschätzen zu können, im Verhältnis zu Alternativstandorten. Bei Zuliefererfirmen kann die Nähe zu den wichtigsten Abnehmern bedeutsam sein.
- **Orientierung an Beschaffungs- und Produktionsgegebenheiten**: Neben der angesprochenen Ortsgebundenheit für manche Betriebe (Bodengewinnung, Wasserkraftwerke, Schiffbau und konzessionsabhängige Betriebe, etc.) ist die Nähe des Standortes zu notwendigen Produktionsfaktoren einschließlich der Transportaufwendungen und -zeiten zu beachten. Weiter wird unterschieden:
  – Materialorientierung: Nähe zu Rohstoffvorkommen, Vorlieferanten, etc.,
  – Arbeitsorientierung: Im Mittelpunkt steht, wie weit sich das Unternehmen am infrage stehenden Standort mit dem erforderlichen Personal versorgen kann, bezüglich der geforderten Qualifikation und auch des Lohnniveaus bis hin dazu, ob der Standort attraktiv ist, Fachpersonal anzuziehen.
  – Energieorientierung: auch Kraftorientierung genannt, bezüglich Verfügbarkeit und Kosten der Energieversorgung.
  – Orientierung an der Infrastruktur: neben den Transportkosten kann die Verkehrsanbindung eines Standortes von Bedeutung sein sowie der Zugang zu entsprechenden Service-Stationen, Institutionen, u.Ä. Dabei sind oftmals Wegezeiten aussagefähiger als (Kilometer-)Entfernungen.
- **Orientierung an Abgaben und sonstigen Kosten**: Hierzu zählen unterschiedlich hohe Steuern, vor allem Gemeindesteuern, Gebühren und Beiträge, ebenso wie eventuelle steuerliche Entlastungen im Rahmen von Förderungsprogrammen. Hierbei können auch internationale Vergleiche einbezogen werden, wenn entsprechend Standortalternativen gegeben sind.
- **Grundstückspreise und Mieten**: Auch sie können von Standort zu Standort sehr stark variieren.

Als weitere Aspekte werden zunehmend auch die Umwelt- und die Landschaftsorientierung aufgeführt, ohne dass hier darauf eingegangen werden soll.

Ein anderes Gliederungsschema teilt die Standortfaktoren ein in:
a) **Input-bezogen**, beispielsweise Boden, Rohstoffe, Energieversorgung, Arbeitsmarktbedingungen, Fremddienste, Zulieferer, Nachrichtenverbindungen etc.
b) **Throughput-bezogen**: politische, soziale, technologische, geologische und klimatische Bedingungen.
c) **Output-bezogen**: Marktnähe, Konkurrenz, Kontakt zu Absatzmittlern, staatliche Absatzhilfen, Rückstandsbeseitigung, etc.

Die konkrete Standortbewertung – bei Neugründung, Betriebsverlagerung oder Erweiterung – erfolgt zumeist in mehreren Schritten:
- Grundsätzliche Standortwahl, bezogen auf Land, Region oder Stadt,
- Lokale Standortwahl, z.B. bezüglich der Lage innerhalb der Stadt, Nahverkehrsanbindung, Erreichbarkeit mit dem Fahrzeug, Parkmöglichkeiten, Käuferströme etc., auch unter Berücksichtigung der dabei anfallenden Kosten,
- innerbetriebliche Standortwahl, hierbei ist beispielsweise zu untersuchen, inwieweit an dem jeweiligen Standort die betrieblichen Konzeptionen auch in der Ablaufgestaltung und räumlichen Zuordnung etc. realisiert werden können.

Anhang: Lern- und Übungsstrategie/Arbeitsformen

Wie kann die Themengliederung im vorliegenden Buch in Form von Fragen aktives Lernen unterstützen?

Lernen kann allgemein als der Erwerb von Wissen und Fertigkeiten verstanden werden. Hier steht die Wissensaneignung im Vordergrund, jedoch nicht allein als reines Auswendiglernen (wie beispielsweise bei Vokabeln), sondern zugleich als Verständnis für das jeweilige Stoffgebiet.

Ohne im vorliegenden Rahmen näher auf Lernpsychologie und Pädagogik eingehen zu können, gilt, dass die aktive Beteiligung des Lernenden Aufmerksamkeit, Aneignung, Speicherung und Erinnerungsvermögen der Informationen des Lerninhalts deutlich verbessern. Diese Form des aktiven Lernens hebt sich von einer eher passiven für den Lernenden ab, indem die Aktivität stärker beim Lehrenden liegt.

> *Die Fragen in diesem Buch zum Klausurtraining sollen Sie als Studierende anregen, aktivieren, sich selbst Antworten zu geben – möglichst schriftlich, wenn auch mit Stichworten.*

Die anschließende Überprüfung mit den Hinweisen zur Bearbeitung gibt Ihnen Aufschluss über Folgendes:
- Welche Wissensteile sind bereits präsent und dem Thema zuordenbar,
- inwieweit bestehen noch Lücken, sei es Unkenntnis oder nur Unsicherheit,
- wo liegen Fehler vor, indem Antworten nicht richtig waren? Hier kann eventuell hilfreich sein zu klären, zu welchem Themenkomplex, zu welcher anderen Frage die Antworten eigentlich gehören würde.

Nachfolgend sollen vertiefende Anregungen gegeben werden, gegliedert in vier Abschnitte:
- Einzelarbeit, individuelles Erlernen des Stoffes,
- Lerngruppen, z.B. Studierende in der Examensvorbereitung oder auch in Teams (wie sie in der beruflichen Weiterbildung/im Training üblich sind); hierbei wird nochmals danach untergliedert, inwieweit alle gemeinsam das gleiche Stoffgebiet bearbeiten oder im Sinne von »Lernen durch Lehren« jeweils einzelne Mitglieder sich in einen Teilbereich einarbeiten und diesen den Übrigen vermitteln.
- Lernprozess als Teil sozialer Kompetenz, dabei soll im Sinne des »Lernen Lernens« die Effizienz im Vorgehen bei den vorangegangenen Abschnitten reflektiert und in gewissem Rahmen zum Verhaltenslernen genutzt werden.
- Moderation, zusätzlich zu der vorangegangenen Autonomie im Lernen des Einzelnen oder der Gruppe wird die Funktion eines »Lernberaters« angesprochen.

EINZELARBEIT

Diese kann im Rahmen eines Selbststudiums erfolgen, als Nachbearbeitung von Vorlesungen etc. und ergänzendem Literaturstudium oder zur Examensvorbereitung. Hilfreich sind folgende Schritte:

1. Erarbeiten Sie einen größeren, zusammenhängenden Teil des Stoffgebietes, am besten durch Lesen. (Vor der Durcharbeitung des Trainingsbandes sollte also die Lektüre eines Lehrbuchs stehen, z.B. „Einführung in die Betriebswirtschaftslehre" in der gleichen Buchreihe).
2. Wählen Sie aus dem Stoffgebiet einzelne Fragen aus, beispielsweise anhand des Inhaltsverzeichnisses; kreuzen Sie die ggf. schon bearbeiteten Fragen an, damit Sie sich bei nachfolgenden Aufgabenstellungen auf die noch offenen konzentrieren können. (Der vorliegende Trainingsband bietet Ihnen entsprechende Fragen an.)
3. Bearbeitung Sie die ausgewählten Fragen, am besten schriftlich, möglicherweise in Form von Stichworten. Sie sollten hier nicht zu nachlässig arbeiten und sich wirklich zu schriftlichen Antworten zwingen.
4. Überprüfen Sie anhand des Textes Ihre Antworten im Hinblick darauf, ob sie vollständig und fehlerfrei waren.
5. Arbeiten Sie nach: Bei aufgetretenen Lücken geht es darum, nicht nur die reine Information zu lernen, sondern auch Verständnis dafür zu entwickeln, wieso etwas für den angegebenen Themenbereich relevant ist. Verknüpfen Sie Neues mit bestehendem Wissen. Auch beim falsch Zugeordneten geht es um die Klärung der Sinnzusammenhänge und um eine richtige Zuordnung – möglichst, um die falsche Antwort in einen Zusammenhang mit dem für sie zuständigen Fragenkomplex zu bringen und als (richtiges) Wissen zu speichern.

LERNGRUPPEN

Sei es in Arbeitsgemeinschaften von Studierenden oder in Teams (wie sie im Rahmen von Weiterbildungsmaßnahmen im Beruf üblich sind) – das Gruppenlernen bietet eine Reihe zusätzlicher Chancen, vor allem, wenn es gelingt, dass möglichst alle aktiv und konstruktiv mitarbeiten. Oft ist es hilfreich, wenn sich die Mitglieder bei Beginn ihrer Zusammenarbeit auf Vorgehens- und Verhaltensweisen verständigen, die dann jeweils nach den einzelnen Lern- und Arbeitsschritten überprüft und ggf. modifiziert werden.

Zwei Varianten sind möglich: Der Stoff wird arbeitsteilig erarbeitet und jeder stellt seinen Teil vor (siehe unten: Lernen durch Lehren) oder alle lernen gemeinsam das gleiche Stoffgebiet, d.h., jedes Mitglied bearbeitet den gleichen Themenbereich und dieselben daraus (gemeinsam) ausgewählten Fragen. Mögliche Schritte für diesen zweiten Fall sind:

1. Einzelarbeit: Dies ist die Vorbereitungsphase, die das anschließende aktive Mitwirken aller ermöglicht, siehe 1. und 3. bei Einzelarbeit.
2. Gruppenarbeit: Unter Einbeziehung der Vorarbeiten der Einzelnen erarbeitet die Gruppe eine gemeinsame Beantwortung der ausgewählten Fragen. Hierbei besteht auch die Möglichkeit, sich über Unterschiede bei den Einzelarbeiten auszutauschen und so zu einem tieferen Verständnis für das Stoffgebiet zu gelangen. Für eine spätere Auswertung des Gruppenprozesses ist beachtenswert, wie mit unterschiedlichen Vorergebnissen umgegangen wird:

Stimmt man einfach ab, gibt es einen mehr oder weniger informellen Führer als Meinungsbildner oder werden Unterschiede ausdiskutiert?
3. Überprüfung, siehe auch 4. bei Einzelarbeit: Sie erfolgt sowohl bezogen auf das Gruppenergebnis als auch für jedes Einzelergebnis.
4. Nacharbeiten (siehe 5. unter Einzelarbeit): Auch dies kann gemeinsam in der Gruppe geschehen und zusätzlich durch jeden Einzelnen; auf gruppendynamische Fragen, die sich beispielsweise ergeben können, ob evtl. eine richtige Antwort einer Einzelarbeit nicht in das Gruppenergebnis eingegangen ist, wird später noch kurz eingegangen.

Lernen durch Lehren
Bei dieser Methode wird der Gesamtstoff in – möglichst gleichwertige – Teilgebiete unter den Gruppenmitgliedern aufgeteilt. Sinnvoll ist dann:
1. Einzelarbeit: Jeder beschäftigt sich mit dem ihm übertragenen Komplex, z.B. durch Lesen entsprechender Literatur und erarbeitet eine Präsentation.
2. Gruppenarbeit: Hier erfolgt die in Einzelarbeit vorbereitete Präsentation in der Gruppe mit dem Ziel, die relevanten Lerninhalte den übrigen Mitgliedern zu vermitteln.
3. Die Gruppe bearbeitet nun die ausgewählten Fragen zum behandelten Teil des Stoffes und hält das gemeinsame Ergebnis wiederum schriftlich fest. Hier ist es in der Regel sinnvoll, wenn der Vortragende sich zurückhält, um so auch anschließend eine Überprüfung des Erfolges seiner Präsentation zu ermöglichen.
4. Überprüfung: Wie bei den anderen Methoden werden die Ergebnisse mit den Hinweisen im Lernmaterial verglichen, um abzuklären, was bereits zum Wissensstand gehört und wo noch Defizite bestehen. Zusätzlich kann überprüft werden, ob die Defizite in der Bearbeitung der Fragen entstanden oder auf Mängel der Präsentation zurückgehen.
5. Nacharbeiten: Auch dies kann wiederum sowohl in der Gruppe als auch durch jeden Einzelnen mit dem Ziel erfolgen, das Stoffgebiet zu beherrschen. Für den jeweils Vortragenden schließt dies gleichfalls die Reflexion über die eigene Präsentation mit ein, möglichst auch auf der Basis konstruktiver Rückmeldungen durch die übrigen Gruppenmitglieder.

Lernprozess als Teil sozialer Kompetenz
Hier sollen die Arbeits- und Vorgehensweisen während der Gruppenarbeit durch die Mitglieder reflektiert werden. Ein Kriterium kann das Gruppenklima sein: Ging es harmonisch zu, haben sich die einzelnen Mitglieder wohl gefühlt? Daneben steht die Gruppenleistung, hierzu kann die Beantwortung nachfolgender Fragen hilfreich sein:
- Ist das Gruppenergebnis besser als das beste Einzelergebnis? Wenn ja, liegt ein positiver Synergieeffekt vor.
- Ist das Gruppenergebnis wenigstens noch besser als das Durchschnittsergebnis der Einzelarbeiten?
- Liegt das Gruppenergebnis unter dem Durchschnittsergebnis der Einzelarbeiten? Dann haben sich insgesamt weniger die richtigen Argumente durchgesetzt. Dies kann mehrere Gründe haben, die es zu analysieren gilt.

- Wie wurden Übereinstimmungen erzielt? Wurden Argumente in einer echten, tief gehenden Diskussion betrachtet? Oder wurde meist ohne langen Gedankenaustausch abgestimmt, ein Kompromiss gesucht oder mal dem einen, mal dem anderen nachgegeben bzw. es dominierte immer wieder die gleiche Person? Letzteres spricht eher dafür, dass gute Ideen untergegangen sind.
- Haben alle Gruppenmitglieder aktiv teilgenommen oder waren einige eher passive Mitläufer oder von anderen übergangen?
- Haben sich alle Gruppenteilnehmer in der Einzelarbeit genügend vorbereitet?

Für die Variante »Lernen durch Lehren« käme hinzu:
- Wie gut hat sich der/die Vortragende vorbereitet, hat er/sie alle wesentlichen Punkte gebracht? Stimmte das Vorgetragene inhaltlich?
- Ist es ihm/ihr gelungen, die anderen zu erreichen? Hat er/sie sich verständlich ausgedrückt? Ist es gelungen, die anderen zu motivieren? Ist eventuell sogar zur Mitarbeit angeregt worden?
- Wie hoch war hier der Lernerfolg?

Ziel dieser »kritischen« Überprüfung der Gruppenarbeit ist, Stärken und Schwächen im Miteinander zu erkennen. Auf diese Weise kann die künftige Zusammenarbeit verbessert werden. Dies dient einerseits der besseren Erarbeitung des anstehenden Lernstoffes. Zum anderen ist es ein Weg im »**Lebendigen Lernen**« – durch Reflektion und Bewusstwerdung des eigenen Verhaltens und des Verhaltens der anderen Mitglieder in ihrem Zusammenwirken – die Fähigkeit zur konstruktiven Gruppenarbeit zu verbessern. Diese Teamfähigkeit ist ein wesentlicher Teil der Sozialkompetenz, die im Wirtschaftsleben und besonders für Führungskräfte immer bedeutsamer wird.

Moderation

Hier soll lediglich angesprochen werden, dass die Gliederungsstruktur des Stoffes auch für Lehrende genutzt werden kann, ihrerseits die Lehrinhalte nicht nur vorzutragen, sondern sie durch entsprechende Lernprozesse, beispielsweise in Gruppen, erlebbar zu machen. Hierzu können die Fragen ggf. mit entsprechenden Lerninstrumenten weiter aufbereitet werden – zum Beispiel Multiple Choice – worauf hier nicht weiter eingegangen wird.

Außerdem können bei größeren Gruppen mehrere Kleingruppen gebildet werden. Dies eröffnet die Möglichkeit, dass die Gruppen ihre Lernerfolge nicht nur gruppenspezifisch bewerten, sondern sie auch im Vergleich zu anderen reflektieren können. Hierdurch kann beispielsweise eine zusätzliche Motivation im Sinne eines sportlichen Ansporns gegeben sein.

Glossar

Das folgende Glossar dient einerseits der schnelleren Übersicht. Darüber hinaus kann es, vgl. die voranstehenden Hinweise zur Lernmethodik, auch genutzt werden, die einem Fragenkomplex fehlerhaft zugeordneten Begriffe zu überprüfen und in den richtigen Kontext zu setzen. Dies wird durch die Durchnummerierung der Fragen im laufenden Arbeitstext, jeweils mit Angabe des Stichworts, noch unterstützt.

A
ABC-Analyse 3-D-04/S. 38
Abschreibungen 5-D-04/S. 72

B
Bedarfsermittlung 3-D-03/S. 37
Bestellmenge, optimale 3-D-03/S. 37
Betrieb 1-D-01/S. 119
Betriebsaufspaltung 8-D-10/S. 10
Betriebstypen 2-D-04/S. 31
Bilanz 5-D-03/S. 70, 5-D-04/S. 72
Bilanzanalyse 5-D-03/S. 70
Bilanzierung 5-D-04/S. 72
Bilanzierung, Bewertung 5-D-05/S. 73
Buchführung 5-D-01/S. 67
Budget 7-D-02/S. 92
BWL (allgemein/speziell) 2-D-05/S. 32

C
Controlling 7-D-05/S. 95

D
Dispositiver Faktor 1-D-02/S. 10
Distributionspolitik 3-D-13/S. 46
Doppelgesellschaft 8-D-10/S. 119

E
Eigenkapital 4-D-02/S. 51
Einzelunternehmen 8-D-03/S. 108, 8-D-05/S. 111
Einzelwirtschaften 2-D-03/S. 30
Elementarfaktoren 1-D-02/S. 10
Elementarziele 1-D-11/S. 22
Entscheidung 5-D-11/S. 81
Externes Rechnungswesen 5-D-01/S. 67

F
Faktortheoretischer Ansatz 1-A-02/S. 9
Faktortheoretischer Ansatz 1-D-02/S. 10, 1-D-03/S. 11
Fertigungsablauf 3-D-09/S. 43
Fertigungsart 3-D-08/S. 41
Fertigungsausführung 3-D-08/S. 41
Fertigungsverfahren 3-D-08/S. 41
Finanzierung 4-D-01/S. 50
Finanzplanung 4-D-07/S. 57
Forschung und Entwicklung 3-D-16/S. 49

Fremdkapitel 4-D-02/S. 51, 4-D-04/S. 54
Führung 7-A-01/S. 90
Führung, Funktionen 7-D-01/S. 92
Führung, Ebenen 7-D-02/S. 91
Führungsstil 6-D-05/S. 88
Fusion 8-D-09/S. 118

G
Globales Umfeld 1-D-09/S. 16
GoB 5-D-01/S. 67, 5-D-02/S. 69
Güter, wirtschaftliche 1-A-01/S. 9
Güterwirtschaftlicher Strom 1-D-06/S. 13
GuV Gewinn- und Verlustrechnung 5-D-03/S. 70

H
Homo ökonomikus 1-D-10/S. 20

I
Informationsfluss 1-D-07/S. 15
Inventar 5-D-01/S. 67
Inventur 5-D-01/S. 67
Investition 4-A-01/S. 50, 4-D-09/S. 60
Investitionsrechnung 4-D-10/S. 61

J
Jahresabschluss 5-D-01/S. 67
Jahresabschluss/Bestandteile 5-D-03/S. 70

K
Kapazitätserweiterungseffekt 4-D-06/S. 56
Kapitalbedarf 4-D-07/S. 57
Kapitelbereitstellung 4-D-02/S. 51
Kapitalfreisetzung, Finanzierung aus 4-D02/S. 51
Kapitalgesellschaften 8-D-03/S. 108, 8-D-06/S. 111
Kapitelschonende Maßnahmen 4-D-02/S. 51
Käufermarkt 3-D-10/S. 44
Kennzahlen 5-D-10/S. 80
Kommunikationspolitik 3-D-12/S. 45
Konstitutionelle Entscheidungen 8-A-01/S. 106
Konstitutive Entscheidungen 8-A-01/S. 106
Konzern 8-D-09/S. 118
Kooperation 8-D-08/S. 117
Kosten 5-D-07/S. 75
Kosten-(und Leistungs-)Rechnung 5-D-06/S. 74
Krisen 8-D-02/S. 107

L
Leistungserstellung 3-D-06/S. 40, 3-D-07 + 08/S. 41
Leistungsstrom 1-D-05/S. 12, 1-D-06/S. 13
Leitungssystem 7-D-07/S. 99
Lieferantenanalyse 3-D-04/S. 38
Liquidität 1-D-10/S. 20
Logistik 3-D-15/S. 48

M
Management 7-D-02/S. 92
Managementebenen 7-D-03/S. 93
Management-Lehre 2-D-07/S. 33
Marketing 3-D-11/S. 45
Marketing-Mix 3-D-13/S. 46
Markt 1-D-09/S. 16
Marktanteil 3-D-12/S. 45
Marktforschung 3-D-14/S. 47
Maßgeblichkeitsprinzip 5-D-01/S. 67
Materialwirtschaft 3-D-01/S. 35, 3-D-02/S. 36
Mitarbeiterführung 6-D-04/S. 87
Modelle 2-D-06/S. 32

N
Nachfrage 3-D-10/S. 44

O
Ökonomisches Prinzip 1-D-10/S. 20
Operative Planung 7-D-04/S. 95
Organisation 7-A-01/S. 90
Organisation (Ablauf-O.) 7-D-08/S. 102
Organisation (Aufbau-O.) 7-D-07/S. 99
Organisation des Informationswesens 7-D-09/S. 104

P
Personalbereitstellungsplan 6-D-01/S. 83
Personaleinstellung 6-D-01/S. 83
Personalentwicklung 6-D-03/S. 86
Personalkosten 6-D-02/S. 84
Personalverwaltung 6-D-03/S. 86
Personalwesen 6-A-01/S. 82
Personengesellschaften 8-D-03/S. 108, 8-D-05/S. 111
Planung, operative 7-D-04/S. 95
Preis- und Kontrahierungspolitik 3-D-13/S. 46
Prinzip des finanziellen Gleichgewichts 1-D-10/S. 20
Produkt- und Sortimentspolitik 3-D-13/S. 46
Produktion 3-D-06/S. 40
Produktionsfaktoren (VWL) 1-D-04/S. 11
Produktivität 1-D-12/S. 23

R
Rechnungswesen 5-A-01/S. 66
Rechnungswesen (Einteilung) 5-A-02/S. 66
Rechnungswesen (Funktionen) 5-A-01/S. 66
Rechtsform 8-D-03/S. 108
Rechtsform (Entscheidungskriterien) 8-D-04/S. 110
Rechtsform (Gliederung) 8-D-05/S. 111
Rechtsgrundlagen des Rechnungswesens 5-D-02/S. 69
Regulative Gruppen 1-D-09/S. 16
Rentabilität 1-D-12/S. 23
Roh-, Hilfs- und Betriebsstoffe 3-D-01/S. 35
Rücklagen 4-D-05/S. 55
Rückstellungen 4-D-05/S. 55

S
Selbstfinanzierung 4-D-03/S. 53
Sozio-technisches System 2-D-07/S. 33
Standortwahl 8-D-11/S. 119
Statistik 5-D-10/S. 80
Steuern 4-D-11/S. 64
Stille Reserven 4-D-03/S. 53

T
Teilkostenrechnung 5-D-09/S. 79

U
Umfeld, betriebliches 1-D-09/S. 16
Unternehmen 1-D-01/S. 10

V
Verkäufermarkt 3-D-10/S. 44
Vollkostenrechnung 5-D-08/S. 77
Vorratswirtschaft 3-D-03/S. 37

W
Wertekreislauf, betrieblicher 1-D-08/S. 15
Wirtschaftlichkeit 1-D-10/S. 20, 1-D-12/S. 23
Wirtschaftlichkeitsprinzip 1-D-10/S. 20
Wirtschaftsordnung 1-D-13/S. 26
Wirtschaftssystem 1-D-13/S. 26
Wissenschaften 2-A-01/S. 28
Wissenschaften/Stellung der BWL 1-D-01/S. 10
Wissensmanagement 7-D-09/S. 104

X
XYZ-Analyse 3-D-04/S. 38

Z
Zahlungsmittel 4-D-08/S. 59
Zahlungsstrom 1-D-05/S. 12
Ziele 7-D-06/S. 97

Mehr Methodenkompetenzen:
Cornelsen Studien-Manuals Wirtschaft

Herausgegeben von Werner Pepels

Bücher dieser Serie helfen bei Ihrer persönlichen Studienorganisation und unterstützen Ihren guten Studienerfolg. Gleichzeitig führen sie in die heute so wichtigen Methoden- und Sozialkompetenzen ein, die beim Karrierestart in der Wirtschaft erwartet werden.

Gabriele Birker/Klaus Birker
Teamentwicklung und Konfliktmanagement
Effizienzsteigerung durch Kooperation
144 Seiten. Kartoniert
16,90 DM/123,– öS/15,90 sFr/8,64 €
ISBN 3-464-49819-0

Teamfähigkeit ist eine der so genannten Soft-Skills, die heutzutage in fast jeder Stellenanzeige als Einstiegsqualifikation gefordert wird. Konflikte konstruktiv managen können gilt als entscheidende Voraussetzung für den Unternehmenserfolg. Dieses Manual vermittelt Studierenden in einprägsamer Form alle dafür notwendigen Grundkenntnisse, methodische Empfehlungen und Kommunikationstechniken. Zudem gibt es auch hilfreiche Tipps zur Teamleitung, einer entscheidenden Führungsqualifikation.

Christian-Rainer Weisbach
Verhandeln und Moderieren für Wirtschaftsstudierende
Logisch argumentieren,
psycho-logisch verhandeln
144 Seiten. Kartoniert
16,90 DM/123,– öS/15,90 sFr/8,64 €
ISBN 3-464-49821-2

Dieses Buch geht auf die verschiedenen Elemente der professionellen Gesprächsführung ein. Im ersten Teil geht es um die Verhandlungstechnik, also z.B. um Zielanalyse, Kontaktaufnahme und Ergebniszusammenfassung. Es werden verschiedene Strategien und wichtige Argumentationsweisen, z.B. bei Einwänden, zusammengestellt. Der zweite Teil zum Thema Moderation behandelt umfassend alle Moderationsphasen mit den dazugehörigen Fragestellungen.

Erhältlich im Buchhandel.
Infos zur Reihe „studium kompakt":
Cornelsen Verlag • 14328 Berlin
www.cornelsen.de

Studieninhalte – kompakt aufbereitet:
Cornelsen Studien-Bausteine Wirtschaft

Bücher dieser Serie unterstützen Ihren guten Studienerfolg. Knapp und prägnant, gut gegliedert, optisch übersichtlich und mit einer zweiten Druckfarbe aufbereitet, finden Sie das Wichtigste zum jeweiligen Thema.

Klaus Birker
Einführung in die Betriebswirtschaftslehre
Grundbegriffe, Denkweisen, Fachgebiete
224 Seiten. Zweifarbig. Kartoniert
24.90 DM/182,– öS/22,50 sFr/12,73 €
ISBN 3-464-49501-9
– Wirtschaftliche Begriffe
– Hauptgebiete der BWL
– Darlegung der Sinnzusammenhänge
– Verständnis betriebswirtschaftlicher Denkweisen

Ralf Berning
Grundlagen der Produktion
Produktionsplanung und Beschaffungsmanagement
Ca. 176 Seiten. Zweifarbig. Kartoniert
24.90 DM/182,– öS/22,50 sFr/12,73 €
ISBN 3-464-495132
– Grundlagen der Produktionsplanung
– Produktentwicklungsprozesse
– Methoden der Qualitätsplanung
– Leistungswirtschaftliche Systeme
– Strategisches Beschaffungsmanagement
– ERP-Systeme, Veränderungen durch E-Business

Harald Danne/Tilo Keil
Wirtschaftsprivatrecht I
Bürgerliches Recht, Handelsrecht
240 Seiten. Zweifarbig. Kartoniert
24.90 DM/182,– öS/22,50 sFr/12,73 €
ISBN 3-464-49505-1
– Technik der Fallbearbeitung/Subsumtionstechnik
– Grundlagen der genannten Rechtsgebiete
– Tipps für die Klausurbearbeitung

Wirtschaftsprivatrecht II
Arbeitsrecht, Gesellschaftsrecht, Wettbewerbsrecht
Ca. 176 Seiten. Zweifarbig. Kartoniert
24.90 DM/182,– öS/22,50 sFr/12,73 €
ISBN 3-464-49507-8
– Grundlagen der genannten Rechtsgebiete
– Weitere Nebengebiete
– Berücksichtigung der Änderungen der laufenden Legislaturperiode, auf aktuellem Stand (erscheint im Herbst 2001).

Günter Lohse
Allgemeine Steuerlehre, Steuern auf Umsatz und Gewerbeertrag
Ca. 184 Seiten. Zweifarbig. Kartoniert
24.90 DM/182,– öS/22,50 sFr/12,73 €
ISBN 3-464-49517-5
– Allgemeines Steuerrecht, Steuerbegriff
– Abgabenordnung
– Gewerbesteuer, Umsatzsteuer
– Besteuerungsverfahren
Auf Stand Unternehmenssteuerreform 2000

Erhältlich im Buchhandel.
Infos zur Reihe „studium kompakt":
Cornelsen Verlag • 14328 Berlin
www.cornelsen.de